Carolin Lüdemann

Der kleine Business-Knigge

Wie Sie Fettnäpfchen im Berufsalltag umschiffen

WILEY-VCH

WILEY-VCH Verlag GmbH & Co. KGaA

1. Auflage 2014

Bibliografische Information der Deutschen Nationalbibliothek
Die Deutsche Nationalbibliothek verzeichnet diese Publikation in der Deutschen Nationalbibliografie; detaillierte bibliografische Daten sind im Internet über <http://dnb.d-nb.de> abrufbar.

Printed in the Federal Republic of Germany.

Gedruckt auf säurefreiem Papier.

Satz: Kühn & Weyh, Satz und Medien, Freiburg

Umschlaggestaltung: Christian Kalkert, Birken-Honigsessen

Druck und Bindung: Regal Printing Limited, Hong Kong

ISBN: 978-3-527-50777-1

Inhaltsverzeichnis

Vorwort

Gern sagt man dem »Knigge« nach, dass man sich gut und anständig benehmen solle, um seinem Gegenüber Respekt zu erweisen. Das ist sicher richtig. Denn es macht einen Unterscheid, ob man seine Gesprächspartner mit einem feinen Zwirn oder einem Jogginganzug würdigt. Doch es ist nicht der einzige Grund, warum gutes Benehmen nach wie vor Sinn macht – denn vor allem benimmt man sich für sich selbst.

Studien haben hinlänglich belegt, dass man so behandelt wird, wie man handelt und wie man sich präsentiert. Gelingt es also aufgrund eines zweifelhaften Auftretens nicht, als Person zu überzeugen, wird es um ein Vielfaches schwieriger, mit seinem eigentlichen Anliegen, mit seiner Fachkompetenz oder mit seinen Inhalten zu überzeugen. Überzeugt man dagegen schnellstmöglich als Person, hat man es im weiteren Miteinander umso leichter.

Und doch tue ich mich stets schwer, zwischen »schwarz« und »weiß« bzw. »richtig« oder »falsch« zu unterscheiden. Denn viel zu oft habe ich die Erfahrung gemacht, dass die Wahrheit auch »grau« sein kann. Um ein Beispiel zu nennen: In meinen Seminaren treffe ich häufig auf Kundenberater von Banken. Geht der Berater morgens im schwarzen Anzug, weißen Hemd und in roter Krawatte aus dem Haus, ist er objektiv betrachtet gut und korrekt gekleidet. Das gilt erst recht, wenn er im weiteren Verlauf des Tages ein Gespräch mit einem seiner Kunden wahrnimmt, der zum Beispiel Geschäftsführer eines Unternehmens ist und auf eine ähnliche Art und Weise gekleidet ist. Was aber, wenn unser Kundenberater im Anschluss einen weiteren Kunden besucht, der nun nicht hinter dem Schreibtisch agiert, sondern einen landwirtschaftlichen Hof betreibt? Dieser Kunde begegnet dem Bankmitarbeiter in Gummistiefeln und Jeans. Nun plötzlich ist die akkurate Kleidung des Bankers dazu geeignet, unerwünschte Distanzen zu schaffen.

Dieses Beispiel zeigt, warum die Wahrheit oft zwischen den Extremen liegen kann. Es gibt Situationen, in denen »zu viel« des Guten auch unfreiwillig Kluften schlagen kann. Daher werde ich nie müde, zu betonen, dass Sie das Wichtigste in punkto »Umgangsformen« bereits besitzen – und das ist Ihr Fingerspitzengefühl; Ihr feines Gespür für die jeweilige Situation und für das, was das Gegenüber von Ihnen erwartet.

Zugleich meine ich jedoch, dass man möglichst viele der zahlreichen Regeln kennen sollte, um mit seinem Fingerspitzengefühl entscheiden zu können, wo man welche Spielregeln zum Einsatz bringen möchte. Ich wünsche Ihnen, dass Ihnen genau hierbei dieses Buch ein treuer Ratgeber sein wird.

Ihre Carolin Lüdemann

1
Karrierekiller wider Willen

»Takt besteht darin, dass man weiß, wieweit man zu weit gehen darf.«

Jean Cocteau (1889–1963), französischer Schriftsteller, Regisseur und Maler

Die Unternehmen sind voll von Menschen mit großer Fachkompetenz. Und doch schaffen es einige, diese Kompetenz erfolgreich zu verschleiern. Zum Beispiel, weil sie gleich im ersten Eindruck beim Vorstellungsgespräch versagen oder weil sie nichts Besseres zu tun haben, als an falscher Stelle einen Flirtversuch zu wagen. Nach wie vor gelten die soziale Kompetenz und damit die Fähigkeit, mit anderen Menschen erfolgreich zu agieren, als entscheidende Karrierefaktoren. Und das völlig zu Recht.

Denn überlegen wir einmal, was heute noch den Unterschied ausmacht. Betrachten wir ein Unternehmen und stellen die Frage, nach welchen Kriterien ein Kunde entscheidet, ob er sich in diesem Unternehmen in den besten Händen wähnen darf. Dann wird deutlich, dass das schon lange nicht mehr die Produkte oder Dienstleistungen sind. Denn diese sind substituierbar. Nie zuvor war ein Kunde so gut informiert wie heute. Das Internet hat ihm neue Möglichkeiten der Recherche gegeben und so weiß er spätestens jetzt, dass sich die Angebote der Unternehmen fast so stark gleichen wie ein Ei dem anderen.

Das, was heute den Unterschied ausmacht, ist der Faktor Mensch. Der Mitarbeiter im Kundenkontakt ist das entscheidende Kriterium, um den Kunden auch weiterhin an sich binden zu können. Darum ist es kein Wunder, dass gute Umgangsformen in den Unternehmen weiterhin hoch im Kurs stehen. Ohne Zweifel ist es zwar so, dass viele Dinge und so manches Verhalten heutzutage nicht mehr selbstverständlich sind. Das führt jedoch nicht dazu, dass Arbeitgeber ihre Ansprüche senken würden. Das können sie ja schon alleine deshalb nicht, weil es der Kunde aus oben genannten Gründen auch nicht tut. Darum zeigt sich, dass diejenigen Mitarbeiter, die in der Lage sind, Gespräche zu initiieren, auf Menschen zuzugehen und Sympathien zu wecken, diejenigen sind, die die besten Aussichten auf Erfolg haben.

Und auch fern vom Kundenkontakt haben die meisten Arbeitgeber selbstverständlich eine Vorstellung davon, welche Werte in ihrem Unternehmen verkörpert werden sollen. Das gilt dann eben nicht nur im Kontakt nach außen, sondern auch für das interne Miteinander. Darum bleibt das Fazit:

Wer Karriere machen möchte, tut sich leichter, wenn er sich benehmen kann.

Und doch ist immer wieder festzustellen, dass das nicht jedem Mitarbeiter klar zu sein scheint. Wer sich »sehenden Knigge-Auges« in den Unternehmen bewegt, kann Tag für Tag erstaunliches beobachten: Seien es Mitarbeiter, die nicht einmal grüßen, wenn sie den Meeting-Raum betreten, die sich lümmelnd auf Besprechungsstühlen tummeln, bei der Anrede akademische Grade unterschlagen, einige Minuten später als die eigene Führungskraft bei Veranstaltungen eintreffen (und dafür auch gleich früher wieder gehen müssen) oder sich selbstredend vom Vorsitzenden der Geschäftsführung die Tür aufhalten lassen. Sehr häufig lässt sich in diesem Zusammenhang feststellen, dass die Fähigkeit zur Selbstreflektion bei diesen Mitarbeitern nicht gerade stark ausgeprägt ist. Sie bemerken nicht einmal, dass sie selbst völlig anders als die anderen agieren – und dadurch wird es für sie natürlich mehr als schwierig, etwas an diesem unpassenden Verhalten zu ändern. Nicht selten sind sie völlig überrascht, dass es mit der Karriere nicht schneller bergauf geht oder geben in entsprechenden Seminaren (zu denen sie von Vorgesetzten geschickt wurden) zu bedenken, dass viele der Umgangsformen doch nicht den Sitten im Alltag entsprächen. Leider verkennen sie dabei, dass sie als Maßstab für diese Sitten lediglich ihr eigenes Verhalten angelegt haben und nicht das ihres Umfelds.

So berichtete mir beispielsweise ein Teilnehmer bei einem Knigge-Training, dass es ihm extrem wichtig sei, einen guten ersten Eindruck zu machen, da er glaube, dass man hierfür keine zweite Chance bekäme. Das Interessante daran war, dass er zu diesem Training 15 Minuten zu spät eintraf, sich dafür jedoch nicht entschuldigte oder erklärte, warum dies der Fall war. Das war vor allen Dingen deshalb so interessant, weil zu Beginn des Trainings seine neue Führungskraft ein paar einleitende Worte sprach und der Mitarbeiter mitten in diese Ansprache platzte, sich erst einmal in aller Ruhe einen Platz suchte und seine Arbeitsunterlagen auspackte. Als ich ihn dann im Seminar fragte, was denn als Allererstes wichtig sei bei einem ersten Eindruck bzw. bei einem Aufeinandertreffen von mehreren Personen, so zählte er mir Punkte wie die Kleidung, Körpersprache und gar den Geruch auf. Natürlich hatte er mit dieser Aufzählung nicht Unrecht, vergaß dabei jedoch das Wesentlichste: Uns fällt selbstverständlich zu allererst auf, ob jemand pünktlich erscheint – oder eben nicht.

In diesem Zusammenhang veröffentlichte eine große deutsche Tageszeitung im Jahr 2012 einen interessanten Artikel mit der Überschrift »Zehn überraschende Gründe, warum Sie keine Karriere machen«[1]. Diese 10 Punkte möchte ich

1) *Bild*, 2012

im Folgenden, basierend auf dem Artikel, genauer erläutern:

1. *Sie haben den falschen Namen:*
Denn laut dem Magazin *Psychologie Heute* machen Namen Karriere – oder auch nicht. So baten Forscher aus Australien, Belgien und den USA in einer Studie Versuchspersonen, einen Artikel über einen Kandidaten für die nächste Gemeinderatswahl zu lesen. Die einen bekamen einen Bericht mit »Herrn Vougiouklakis«, die anderen mit »Herrn Lazaridis«. Beide Gruppen sollten den Kandidaten hinsichtlich seiner Eignung für das Amt bewerten. Resultat: Herr Lazaridis bekam deutlich bessere Bewertungen als Herr Vougiouklakis. Die Begründung: Da unser Gehirn keine komplizierten, fremden Sachverhalte mag, wehren wir unterbewusst die Auseinandersetzung mit dem komplizierten Namen ab. Daher glauben die Forscher, dass sich solche Namen tatsächlich zu einer Karrierebremse entwickeln könnten. Tipp: Wenn Sie selbst einen solch ungewöhnlichen Nachnamen haben, dann empfiehlt es sich,

diesen Namen bei der Selbstvorstellung kurz zu erklären und dem anderen bei der Aussprache und dem Verständnis zu helfen. So können Sie zum Beispiel formulieren: »Kein ganz einfache Name, ich weiß. Wenn man ihn aber in drei Abschnitte zerlegt, wird es schon ein bisschen einfacher – Vou-giou-kla-kis.« Wenn Sie möchten, können Sie auch noch ein paar Worte zur Herkunft des Namens oder zu dessen Bedeutung verlieren. Auf diese Art und Weise nehmen Sie dem Gegenüber die Scheu, Sie mit Namen anzusprechen und nehmen ihm zusätzlich die Peinlichkeit zu offenbaren, Ihren Namen nicht verstanden zu haben.

2. *Sie tragen die falsche Kleidung:*

Eine Studie der Lawrence University in Wisconsin zeigte, dass zu aufreizende Bekleidung Frauen in Führungspositionen schadet. Sie werden mit kurzem Rock und tiefem Dekolleté als deutlich inkompetenter bewertet als in neutraler Kleidung. Auch bei Männern sei zu empfehlen: »Je höher die Position, desto formeller die Bekleidung.« Tabu seien nach dieser Empfehlung Stilbrüche wie ein dunkles Jackett zu einer hellen Hose oder gar Freizeithosen im Büro. Wer nachlässig gekleidet sei, dem würde unterbewusst unterstellt, er führe seine Arbeit ebenso nachlässig aus. Doch warum in die Ferne schweifen, wenn das Gute liegt so nah: Tatsächlich müsste man hier gar nicht die Forscher aus den USA zitieren, um zu diesen Ergebnissen zu gelangen.

Denn bereits im Jahr 2005 erregte eine Studie der Universität Mannheim unter der Leitung der Sozialwissenschaftlerin Anke von Rennenkampff großes Aufsehen. Sie untersuchte im Rahmen ihrer Doktorarbeit, welchen Einfluss ein eher maskulines Auftreten der Bewerberinnen auf das Vorstellungsgespräch hat. Man schickte in dieser Studie zwei verschiedene Gruppen von Bewerberinnen in das Rennen um eine Führungsposition. Die eine Gruppe wurde eher feminin herausgeputzt – sie trug einen Rock, lange offene Haare oder auch farbig lackierte Fingernägel. Die andere Gruppe bekam maskuline Merkmale verpasst – die Bewerberinnen wurden so geschminkt, dass maskuline Merkmale wie ausgeprägte Wangenknochen besonders zur Geltung kamen, sie trugen einen Hosenanzug und banden sich die langen Haare zusammen. Im Endergebnis musste man feststellen, dass dem weichsten Gesicht die härtesten Fragen gestellt wurden. Kurzum: Diejenigen Bewerberinnen, die ihre weibliche Seite zur Geltung brachten, mussten ausführlich Rede und Antwort zu ihrer fachlichen Kompetenz stehen und wurden im Gespräch auf Herz und Nieren geprüft. Die Gruppe der männlich erscheinenden Bewerberinnen hingegen durfte ausführlich über Ihre Pluspunkte referieren und führte das deutlich angenehmere Gespräch. Im Endergebnis ging man daher davon aus, dass Männlichkeit im Vorstellungsgespräch Trumpf bedeutet. Zumindest gilt das so lange, wie sich Frauen auf Führungspositionen bewerben. Denn auch das Gegenteil ließ sich leicht beweisen: Als man nämlich untersuchte, welcher Mann die besten Chancen hat, als Kindergärtner eingestellt zu werden, so musste man feststellen, dass derjenige mit langen Haaren und weichen Gesichtszügen die deutlich besseren Karten hatte. Denn hier geht man eben davon aus, dass eine solche Position eher von Frauen bzw. femininen Typen besetzt wird. Aus den beiden Studien aus Mannheim und Wisconsin darf man die Ableitung treffen, dass für Frauen mit Karriereambitionen der Hosenanzug (zumindest bei wichtigen Gesprächen, wie beispielsweise dem Vorstellungsgespräch) passender erscheint, als das sympathische, doch leider tendenziell inkompetent wirkende, Sommerkleid.

3. *Sie sprechen (den falschen) Dialekt:*
Das rollende bayerische R klingt für den einen grobschlächtig und einfältig, den anderen jedoch erinnert es wohlig an bayrische Gemütlichkeit. Und genau daher ist es eine schwierige Sache, mit dem Dialekt Sympathien zu wecken und Karriereleitern emporzuklettern. Zwar ist es nicht mehr so, dass Dialekt im Beruf generell verteufelt wird – stattdessen setzt man heute auf die Authentizität von Mitarbeitern und da gehört der Dialekt eben nun mal dazu. Doch leider ist Dialekt eben nicht gleich Dialekt. Während

Bayerisch zu den beliebtesten Sprachfärbungen zählt, wird Sächsisch nicht ganz so gerne gehört, sagen Sprachforscher. Diese Unterscheidung zwischen Sympathie und Antipathie wird nach Meinung der Forscher jedoch keinesfalls nur durch den Dialekt geprägt. Stattdessen gehen sie davon aus, dass dies wesentlich mit dem Selbstbewusstsein der Sprecher zusammenhängt. Ein Bayer gehe häufig sehr offensiv mit seiner Sprache um, trete selbstbewusst auf und verkörpere einen Stolz auf seine Mundart. Der Sachse dagegen verhielte sich des Öfteren defensiv und versuche, seinen Dialekt zu vertuschen. Zu Unrecht, sagen die Experten, denn kein Dialekt wirke immer positiv oder auch das Gegenteil davon. Sympathien würden vielmehr dadurch geweckt, dass wir Gemeinsamkeiten mit unserem Gegenüber haben oder positive Assoziationen geweckt werden. Und so ist es auch zu erklären, dass sowohl Bayerisch als auch Sächsisch regelmäßig auf den vorderen Rängen der unbeliebtesten Dialekte zu finden sind. Wer also seinen Kunden im ländlichen Raum besucht, hat bessere Karten, wenn er den gleichen Dialekt spricht – egal, um welchen genau es sich dabei handelt. In den oberen Führungsetagen dagegen wird die Fähigkeit, vom Dialekt in ein gepflegtes Hochdeutsch wechseln zu können, als Karrierevoraussetzung angesehen. Denn je intellektueller und ernsthafter die Themen sind, desto höher gestalten sich auch die Erwartungen an die Sprache. Dabei geht es nicht darum, einen Dialekt auszumerzen – es scheint jedoch von Vorteil, wenn man in diesen Fällen eine sprachliche Alternative vorweisen kann.

4. *Sie schlafen zu wenig:*
Eine Untersuchung der Universität Michigan zeigte: Wer fünf Nächte hintereinander nur jeweils vier Stunden schläft, ist genauso unkonzentriert als hätte er 24 Stunden am Stück durchgearbeitet.

5. *Sie sind zu friedlich:*
Wie gut diese Erkenntnis in ein Buch zum Thema Umgangsformen passt, ist fraglich. Vermutlich hilft es, den Begriff »friedlich« zunächst einmal genauer zu definieren. Forscher der Fox School of Philadelphia meinen,

herausgefunden zu haben, dass Bewerber in Vorstellungsgesprächen oder Mitarbeiter in Gehaltsverhandlungen erfolgreicher sind, wenn sie nicht nur versuchen »nett« zu sein. Stattdessen scheint es ratsam, seine Stärken und Vorstellungen selbstbewusst zu vertreten. Dem kann uneingeschränkt zugestimmt werden – denn wenn Sie nicht von sich selbst überzeugt sind, warum sollte es dann ein anderer sein?

6. *Sie sind zu perfekt:*

Wer eine strenge Diät durchgehalten und etliche Kilos abgespeckt hat, der erntet von seinem Umfeld nicht nur Freude. Denn sein Idealgewicht erinnert andere an ihr Übergewicht. Es erscheint einem fast paradox, aber tatsächlich macht Perfektion keineswegs sympathisch. Die französische Schauspielerin Catherine Deneuve drückte es einst folgendermaßen aus: »Charme und Perfektion vertragen sich schlecht miteinander. Charme setzt kleine Fehler voraus, die man verdecken möchte.« Und genau das gilt wohl nicht nur in der Schauspielerei, sondern auch bei sonstigen Karriereambitionen. In Vorstellungsgesprächen hat sich gezeigt, dass der perfekte Bewerber keineswegs die besten Chancen auf den Job hat. Denn Perfektion ist unglaubwürdig und weckt den Verdacht, dass man den Haken nur noch nicht entdeckt hat. Wie ja bereits der Volksmund weiß, ist niemand perfekt. Wer in Jobinterviews auf jede Frage eine druckreife Antwort weiß, wer weder zögert noch sich verhaspelt, der hinterlässt allzu oft den Eindruck, als hätte er die anderen nur perfekt getäuscht. Oft stehen am Ende Beurteilungen wie »der war mir zu perfekt« oder »ein (zu) glatter Typ«. Das soll jetzt nicht bedeuten, dass Sie sich mit Absicht in ein Fettnäpfchen stürzen sollen, aber wenn Ihnen eines widerfährt, ist das weitaus weniger schlimm, als Sie im ersten Augenblick annehmen werden. Ganz entscheidend ist in diesem Zusammenhang die Frage, wie Sie mit Ihrem Fauxpas umzugehen gedenken. Wer sich mit hochrotem Kopf abwendet, nachdem ihm der Olivenkern zu Boden gefallen ist, erscheint selbstverständlich wenig souverän. Wer dagegen die Fähigkeit besitzt, über sich selbst lachen zu können und sich beim Gegenüber mit Worten wie »Meine Güte, wie konnte mir denn das jetzt passieren – ich hoffe ja wirklich, dass das außer ihnen niemand bemerkt hat. Sie werden mich ja hoffentlich nicht verraten …« aus der Affäre zieht, macht mit Sicherheit deutlich mehr Pluspunkte.

7. *Sie haben sich online verplappert:*
Dazu gehören Beiträge in den sozialen Netzwerken wie auch – falls vorhanden – auf dem eigenen Internetauftritt. Eine Dimap-Studie im Auftrag der Bundesregierung ergab, dass jedes zweite Großunternehmen inzwischen im Internet über Bewerber und eigene Mitarbeiter recherchiert, persönliche Profile, Blog-Einträge und Kommentare liest. Als besonders kritisch wird es dabei bewertet, wenn sich Mitarbeiter abfällig über ihre gegenwärtige oder vergangene Jobsituation äußern.

8. *Sie haben Scheu vor dem Telefonieren:*
Selbstverständlich sind E-Mails als moderne und schnelle Kommunikation aus dem Berufsleben nicht wegzudenken. Seltsam ist dennoch, dem Kollegen – der womöglich

gegenüber oder im Büro nebenan sitzt – permanent digitale Post zu senden anstatt mit ihm zu sprechen. Nur im Gespräch lassen sich komplizierte Sachverhalte klären und Zwischentöne anschlagen. Die schriftliche Kommunikation dagegen ist oft unpersönlich und macht es schwer, zwischen den Zeilen lesen zu können – sie ist daher für Missverständnisse besonders anfällig.

9. *Sie haben schlechte Manieren:*
Eine Studie der TU-Darmstadt, bei der die Karrieren von 6 500 promovierten Akademikern über Jahrzehnte hinweg verfolgt wurden, hat ergeben, das korrekte Umgangsformen der absolut dominante Karrierefaktor gewesen waren. Immer wieder sind in diesem Zusammenhang von Personalentscheidern Aussagen wie folgende getroffen worden: »Entscheidend sind das Auftreten, der Habitus und eine natürliche Souveränität.« Manchmal jedoch gewinnt man den Eindruck, dass das so manchem Zeitgenossen alles andere als klar zu sein scheint. Dazu ein kleiner Einblick in den Alltag eines Personalentscheiders:

a) 30 Prozent aller Bewerber erscheinen rund 15 Minuten zu spät zu einem Vorstellungsgespräch, 9 Prozent lassen sogar eine Stunde auf sich warten.
b) 26 Prozent der Personaler haben schon erlebt, dass ein Bewerber im Job-Interview ein Gespräch am Handy angenommen hat.
c) 87 Prozent der Personaler bemängeln unangebrachte Kleidung beim Vorstellungsgespräch.
d) 43 Prozent kritisieren Respektlosigkeiten und eine schlechte Ausdrucksweise.
e) 59 Prozent der Personaler finden generell, dass sich die Manieren der Bewerber in den vergangenen Jahren deutlich verschlechtert haben.
f) 39 Prozent der Personaler erwarten ein Dankschreiben nach dem Gespräch, 98 Prozent wären dabei mit einer kurzen E-Mail zufrieden. Aber nur 33 Prozent von ihnen erhalten tatsächlich ein solches Feedback.[2]

2) Focus.de

Einen Gegensatz zu dieser Anspruchshaltung stellt das Verhalten vieler Menschen dar, die zwar selbst Wert darauf legen, dass man höflich mit ihnen umgeht, jedoch nicht immer die gleichen Maßstäbe für sich selbst anlegen. Nach einer *FOCUS*-Umfrage des Emnid-Instituts aus dem Jahr 2012 halten …

a) 98 Prozent der Deutschen gutes Benehmen für wichtig bis sehr wichtig.
b) 90 Prozent haben sich in den vergangenen drei Monaten mehrfach über schlechtes Benehmen geärgert.
c) 83 Prozent geben zu, sich in letzter Zeit selbst schlecht benommen zu haben.
d) Obwohl 76 Prozent glauben, dass ihnen Benimm im Beruf hilft, halten 59 Prozent der Unter-30-Jährigen klassische Attitüden wie das Türaufhalten für »nicht mehr zeitgemäß«. Aus Karrieresicht lässt sich daraus etwas Positives ableiten: Offensichtlich ist die Konkurrenz »auf dem Weg nach oben« dann schon nicht mehr ganz so groß – denn laut den Personalentscheidern halten die

verbleibenden 41 Prozent aufgrund ihrer guten Manieren die deutlich besseren Karrierekarten in der Hand.

10. *Sie flirten zu viel:*
Da würde man doch eigentlich annehmen, dass Männer, die während der Arbeit häufig flirten viel zufriedener sein sollten, als die Kollegen, die das nicht tun. Doch dem ist nicht so. Eine Studie der Universität Surrey ergab, dass die aufgeschlossenen Herren eine deutlich höhere Unzufriedenheit mit sich trugen. Eindeutig widerlegt wurde darüber hinaus, dass Flirten womöglich Karrierechancen oder auch das Ansehen verbessern könnte. Das genaue Gegenteil war der Fall: Wer am Arbeitsplatz anderen schöne Augen macht, bringt dadurch zum Ausdruck, dass er durch fachliche Aufgaben nicht ausgelastet ist oder diese nicht besonders ernst nimmt. Darüber hinaus besteht auch immer die Gefahr, dass sich Kolleginnen durch Flirtversuche belästigt fühlen könnten. Und wie wir wissen, hat das schon so manche Karriere ins

Wanken gebracht. Besonders in Erinnerung geblieben ist hierbei der unpassende Flirtversuch des FDP-Politikers Rainer Brüderle, der unlängst eine Journalistin auf ihr hübsches Dekolleté hinwies. Oft taucht in diesem Zusammenhang die Frage auf, wie man denn ein wohlgemeintes Kompliment von einem unpassenden Spruch unterscheidet. Am eindeutigsten lässt sich so eine Unsicherheit beantworten, indem man folgende Fragestellung an sich selbst richtet: Würde ich meine Aussage in Ordnung finden, wenn sie jemand anderes gegenüber meiner eigenen Tochter tätigen würde? Kann diese Frage mit ja beantwortet werden, so handelt es sich ganz offensichtlich um ein Kompliment, das bedenkenlos geäußert werden kann.

Aus meiner nunmehr über zehnjährigen Berufstätigkeit im Thema Umgangsformen komme ich nicht umhin, diese Bilanz zu bestätigen. Wenn Ihnen manche der genannten Punkte selbstverständlich erscheinen, dann spricht das für Sie. Doch zugleich kann ich Ihnen versichern: für viele Ihrer Kollegen gilt das nicht.

2
Authentizität als Sympathiefaktor

»Auf öffentlichen Posten
ist das Benehmen nicht von der
Position zu trennen.«

*Angelo Kardinal Bagnasco (*1943),*
Vors. d. Italien. Bischofskonferenz

Gern stelle ich die Frage, inwieweit Sie sich im privaten Umfeld von der beruflichen Zuordnung lösen können. In vielen Fällen können Sie das nicht. Denn wenn ich wochentags meinen Bankberater in einem dunklen Anzug und Krawatte treffe und er mit diesem Outfit und dem entsprechendem Auftreten Werte wie Beständigkeit, Konservativität, Verlässlichkeit und Fachkompetenz vermittelt, so würde es mich vermutlich erstaunen, ihn am Wochenende heillos betrunken auf einem Weinfest anzutreffen. Und doch passieren solche Dinge gar nicht so selten: Erst kürzlich war man in einer namhaften Unternehmensberatung einigermaßen fassungslos, als man bemerkte, dass einer der neu eingestellten (und fachlich sehr kompetenten) Berater großflächige Tätowierungen aufwies, die nicht jedem Freude machten. Wochenlang war das nicht aufgefallen, weil der neue Mitarbeiter sein Sakko nicht ablegte. Doch eines Tages war es soweit und man sah durch den Stoff des Hemdes Entsprechendes durchscheinen. Mittlerweile ist man so verblieben, dass der Berater in beruflichem Kontext ständig langärmelige Unterhemden trägt, damit die Tätowierungen wenigstens den Kunden gegenüber verborgen bleiben. Aber selbstverständlich wirkt sich das nicht auf sein Privatleben aus und so bleibt es vermutlich nur abzuwarten, bis Berater und Kunde das erste Mal in der Freizeit aufeinandertreffen. Und genau hier steckt eine wesentliche Karrierefalle. Sie lautet: inkongruentes Verhalten.

Inkongruentes Verhalten bedeutet, dass das, was jemand tut, sagt und wie er sich gibt, nicht übereinstimmen. Im Fall des Beraters erstaunt es, dass er einen konservativen Job ausübt und dabei konservative Verhaltensweisen an den Tag legen muss – zur gleichen Zeit jedoch dieses Muster durch die Tätowierungen durchbricht. Nun steckt jeder Beobachter in einer Zwickmühle: Welcher Botschaft soll er Glauben schenken? Als Gründe für inkongruentes Verhalten werden generell Gründe wie eine unabgeschlossene Selbstklärung oder auch Täuschungsmanöver genannt. Besonders deutlich wird das, wenn man sich widersprüchliche Signale beim Thema Sprache bzw. Körpersprache ansieht. Wer große Zustimmung formuliert und zugleich mit dem Kopf schüttelt, der sendet eindeutig gegenläufige Signale und macht es anderen dadurch schwer, ihm zu glauben und zu vertrauen. Immer dann, wenn inkongruente Signale auftauchen, bleibt auch die Authentizität auf der Strecke.

Wie man trotz aller Formen authentisch bleibt

Authentisch zu sein bedeutet, übereinstimmende Signale zu senden. Man verstellt sich nicht, sondern ist, wie man ist. Natürlich hatte jede Authentizität ihre Grenzen – so wird sie zum Beispiel durch die Gebote der Höflichkeit eingeschränkt. Denn wenn Sie einen Vorgesetzten haben, der Ihnen nicht unbegrenzt sympathisch ist, so werden Sie sich dennoch bemühen, ihn das nicht spüren zu lassen. Und das ist wahrscheinlich auch gut so. Wer nun jedoch genau hinsieht, der könnte Ihnen auf die Schliche kommen: Wahrscheinlich werden Sie körpersprachlich so manche verräterische Bewegung zeigen und sei es nur, dass Sie Ihre Füße Richtung Ausgang richten, während Sie miteinander ein Gespräch führen.

Und so muss auch im Zusammenhang mit dem Business-Knigge gefragt werden, inwiefern man trotz eines veränderten und womöglich förmlicher gewordenen Verhaltens man selbst bleiben kann. Denn ohne Frage ist Authentizität ein hohes Gut. Nur wer authentisch ist, kann andere von sich überzeugen und wirkt sympathisch. Dennoch darf der Ruf nach Authentizität einen nicht davor bewahren, sich weiterzuentwickeln. Nicht selten hört man in diesem Zusammenhang die Meinung, dass man gar nichts ändern könne, weil man dann ja nicht mehr authentisch sei. Nun, zum einen bleibt zu hoffen, dass Authentizität nicht davon abhängig ist, ob und wem man wie die Tür aufhält; zum anderen überzeugt diese Begründung nicht, da sie einen daran hindern würde, sich weiterzuentwickeln. Denn immer dann, wenn man etwas Neues wagt, muss man in Kauf nehmen, für einen Übergangszeitraum nicht ganz authentisch sein zu können. Dazu ein Beispiel:

Stellen Sie sich einmal zwei Freunde vor, die gemeinsam zum Skifahren gehen. Als sie das erste Mal zusammen in die Berge reisen, beherrscht keiner von ihnen die Kunst, elegant den Berg herunterzukommen. Das tut Ihre Freude zwar keinen Abbruch, aber es sieht eben ziemlich holprig aus, wie sie ihren Weg ins Tal finden. Die Jahre vergehen und irgendwann kommen die Freunde auf die Idee, noch einmal gemeinsam in den Schnee zu fahren. Diesmal gelingt es dem einen, in eleganten Sprüngen den Abhang zu meistern, denn er hat in den zurückliegenden Jahren das Skifahren erlernt. Der andere Freund holpert wie eh und je die Piste herunter. Im Tal angekommen ist es wohl eher unwahrscheinlich, dass der gekonnte Skifahrer seinem Freund auf das herzlichste zu seinen mangelnden Skikünsten gratuliert und ihn dazu beglückwünscht, dass er so unglaublich authentisch den Berg herunterfährt. Zwar war die Abfahrt sehr authentisch – aber deswegen eben noch lange nicht gut.

Das bedeutet auch: So wichtig und richtig der Ruf nach Authentizität auch ist, es gibt genügend Situationen, in denen es Sinn macht, an sich zu arbeiten und besser zu werden. Führen wir uns dabei einmal das Thema Körpersprache etwas genauer vor Augen: Wer sich zum Beispiel vorgenommen hat, seine Gestik zu verbessern und sich daher darauf konzentriert, die Hände nicht mehr in die Hosentaschen zu stecken, der hat sich etwas wirklich Herausforderndes vorgenommen. Denn es gibt kaum etwas Schwierigeres als seine Gewohnheiten zu ändern beziehungsweise zu überschreiben. Und wer nun eben seit geraumer Zeit die Hände mit Vorliebe in den Hosentaschen verstaut, der tut sich ganz und gar nicht leicht damit, daran etwas zu ändern. Das wird auch bedeuten, dass es sich eine Zeit lang nicht sehr authentisch fühlen wird, wenn er sich mit seinen Mitmenschen unterhält oder auf jemanden wartet und dabei die Hände vor dem Körper hält. Und dennoch ist es der einzig richtige Weg. Denn wer sich vornimmt, diese optimale Gestik nur dann an den Tag zu legen, wenn es wirklich wichtig ist – sei es das Gespräch mit dem Chef oder der Auftritt vor großem Plenum –, der wird das nicht schaffen. In diesen Situationen ist der Stressfaktor derart hoch und die Konzentration so sehr auf andere Dinge gerichtet, dass es einem nicht gelingen würde, jetzt auch noch das Thema Körpersprache umfassend zu reflektieren, Veränderungen vorzunehmen und dabei authentisch zu bleiben. Der Grund für dieses Unvermögen liegt darin, dass wir uns in schwierigen Momenten stets auf unsere Gewohnheiten besinnen, denn diese vermitteln uns ein Gefühl der Vertrautheit und der Sicherheit. Also liegt es uns aus Gründen der Routine sehr viel näher, im Gespräch mit dem Chef die Hände in den Hosentaschen zu verstauen – doch genau das ist leider eine sehr unhöfliche Geste und somit eine denkbar schlechte Idee. Falls es wider Erwarten doch einmal gelänge, die »richtige« Gestik an den Tag zu legen, so würde sie vermutlich immer noch nicht authentisch wirken und dafür sorgen, dass man an Glaubwürdigkeit verliert. Darum soll an dieser Stelle die Lanze dafür gebrochen werden, regelmäßig über seinen Schatten zu springen, die Gewohnheiten zu hinterfragen und zu optimieren. Ich behaupte, es ist der einzige Weg, um besser zu werden. Und er bedeutet noch lange nicht, dass man an Überzeugungskraft verliert – im Gegenteil. Sobald die neuen Gewohnheiten wie selbstverständlich in Fleisch und Blut übergegangen sind, sind sie automatisch authentisch und machen umso sympathischer.

Das richtige Maß zwischen Do's, Dont's und Distanz finden

Manch einer empfindet die Knigge-Regeln als unumstößliche Gesetze, die über richtig oder falsch entscheiden. Demnach wäre die Wahrheit entweder schwarz oder weiß. Wie ich schon im Vorwort erwähnt habe, sehe ich das nicht so. Oft ist die Wahrheit weder das eine noch das andere, sondern liegt genau dazwischen und ist eher so etwas wie grau. Meiner Erfahrung nach kann ein Zuviel des Guten durchaus ungewollt Distanzen schaffen. Daher benötigt man eine gesunde Portion Fingerspitzengefühl und Empathie, um sich entscheiden zu können, was in welcher Situation das richtige Maß zu sein scheint. Um jedoch eine fundierte Entscheidung treffen zu können, muss man wissen, welche Spielregeln überhaupt existieren. Meiner Auffassung nach sind die Empfehlungen aus diesem Buch daher wie eine Art Auswahl zu verstehen. Meine Aufgabe sehe ich darin, Ihnen die ganze Bandbreite an Benimmregeln im beruflichen Kontext vorzustellen – Ihre Aufgabe ist es, sich zu überlegen, welche dieser Empfehlungen Sie »authentisch« zur Anwendung bringen möchten. Und übrigens: Nicht immer können wir von einem festen »Regelwerk« des Benimms sprechen. Dieser Ausdruck ist in erster Linie dann zutreffend, wenn Benimmregeln historisch gewachsen sind, so zum Beispiel bei der Frage, warum die Dame in privatem Zusammenhang immer rechts neben dem Herrn laufen sollte. Das hatte nämlich schlicht und ergreifend etwas damit zu tun, dass die Herren auf der linken Seite das Schwert trugen und somit die Dame besser an ihrer Rechten aufgehoben war. Und das ist uns bis heute erhalten geblieben. Andere Dinge wiederum können eine solche Tradition schon allein deshalb nicht aufweisen, weil sie viel zu jung sind. So zum Beispiel die Nutzung eines Handys in Gesellschaft. Natürlich stellen sich auch hier zahlreiche Fragen nach richtig oder falsch, diese können jedoch aus meiner Sicht nicht mit »Regeln« beantwortet werden. Vielmehr handelt es sich um Empfehlungen oder um das, was die Gesellschaft seither gemeinhin als höfliche oder unhöfliche Handynutzung empfindet.

Wie man Sympathien weckt

> »Die Hauptarbeit eines Anwalts im Prozess besteht darin, die Geschworenen dazu zu bringen, seinen Mandanten sympathisch zu finden.«
>
> *Clarence Darrow (1857–1938), US-amerikanischer Rechtsanwalt*

Obwohl wir alles richtig machen, kann es sein, dass wir dennoch nicht jeden von uns überzeugen können. Das hat dann vielleicht etwas damit zu tun, dass trotz aller Bemühungen die Sympathie des anderen nicht entfacht werden konnte. Denn Sympathie kann nicht zuverlässig gesteuert werden. Sicher kann man darauf achten, dass man eine offene Körperhaltung an den Tag legt, sich korrekt kleidet und den Smalltalk beherrscht. Trotzdem gibt es ein paar dunkle Flecken, die dem Zufall überlassen bleiben.

Ob wir jemanden sympathisch finden oder nicht, hängt wesentlich damit zusammen, ob wir in ihm Ähnlichkeiten zu uns selbst feststellen können. Parallelen in Charakter, Lebensart, Beruf, Kleidung oder Auftreten können das Leben deutlich erleichtern. Immer dann, wenn uns jemand ähnlich ist, weckt das unsere Sympathie und unser Vertrauen. Da wir uns schon einmal selbst für diesen Lebensweg entschieden haben und diesen offensichtlich in Ordnung finden, befürworten wir umso schneller auch das Gegenüber, das zu uns Parallelen aufweist.

Sympathie ist damit ein Faktor, den wir nur begrenzt beeinflussen können. Das bedeutet: Wenn Sie Parallelen zwischen sich und Ihrem Gesprächspartner entdecken, dann tun Sie gut daran, diese zur Sprache zu bringen. Und falls Sie meinen, zu Ihrem Gegenüber offensichtlich keine Parallelen zu haben, dann überlegen Sie sich sehr gründlich, ob sich nicht vielleicht doch welche finden lassen. Damit meine ich nicht, dass welche erfunden werden sollten, aber wenn sich Ansätze für Gemeinsamkeiten finden lassen, dann wäre es nicht schlecht, über diese zu reden. So erzählte mir ein Versicherungsvertreter, dass es für ihn manchmal schwierig sei, seine Kunden auf dem Land zu besuchen. Er selbst sei eher ein Stadtmensch, der sich bei der Begehung eines landwirtschaftlichen Hofs hin und wieder schwertue. Trotzdem kann er auf die Begehung nicht verzichten, weil versicherungsrelevante Details begutachtet werden müssen. Kürzlich hätte er einem seiner Kunden erzählt, dass er mit seinen Kindern Urlaub auf einem Bauernhof im Allgäu gemacht hat und musste feststellen, dass sein Kunde das sehr sympathisch gefunden hätte. Somit wurde aus dem reinen Stadtmenschen ein Stadtmensch mit gelegentlicher Sehnsucht nach dem beschaulichen Landleben, was das Miteinander zumindest ein wenig erleichtern konnte. Denn selbst wenn man berücksichtigt, dass im Berufsleben, wo sich Wege notwendigerweise kreuzen, Sympathie logischerweise nicht immer vorhanden sein kann, so bedeutet das nicht, dass ein solches Wohlwollen nicht manches vereinfachen könnte.

3
Der erste Eindruck prägt, der letzte Eindruck bleibt

»Der einzige Mensch, der sich vernünftig benimmt, ist mein Schneider. Er nimmt jedes Mal neu Maß, wenn er mich trifft, während alle anderen immer die alten Maßstäbe anlegen in der Meinung, sie passten auch heute noch.«

George Bernard Shaw (1856–1950), irisch-britischer Dramatiker

Testen Sie Ihr Wissen

1. Wie lange dauert es, bis Ihr Gegenüber einen ersten Eindruck von Ihnen gewonnen hat?
   a) 7 Sekunden
   b) 0,3 Sekunden

c) Nach dem ersten Wortwechsel, circa 2 Minuten.

2. Was nimmt das Gegenüber beim ersten Eindruck vornehmlich an Ihnen wahr?
   a) Stimme.
   b) Geruch.
   c) Kleidung.
3. Sind Sie in der Lage, den ersten Eindruck zu revidieren?
   a) Ja, wenn ich Zeit mit der Person verbringe.
   b) Ja, wenn ich einen extremen Gegensatz zum ersten Eindruck bilde.
   c) Nein, für den ersten Eindruck gibt es keine zweite Chance.

Die Auflösungen finden Sie am Ende dieses Kapitels.

Der erste Eindruck ist für uns im Alltäglichen sehr wichtig. Das gilt zumindest immer dann, wenn wir jemanden neu kennenlernen. Zum Beispiel weil wir uns im Vorstellungsgespräch bewerben, einen neuen Kunden gewinnen wollen oder den neuen Chef von uns überzeugen möchten. Meist ist es den wenigsten Menschen bewusst, wie schnell im ersten Eindruck über Gedeih und Verderb entschieden wird. Zumeist geht man davon aus, dass der erste Eindruck im Nachhinein noch gesteuert modifiziert werden kann. Neuere Studien jedoch besagen, dass das nur sehr schwer beziehungsweise manchmal gar nicht möglich ist. Die Gründe hierfür sind wissenschaftlich vielfältig untersucht und belegt. Um einige Beispiele zu nennen:

- In einer Studie der Harvard Universität wurden die nonverbalen Aspekte eines guten Unterrichts untersucht. Als Grundlage hierfür dienten Videos von Dozenten, die während eines Trainingsprogramms in Harvard aufgenommen worden waren. Im Anschluss wurden Freiwilligen diese 10-sekündigen Videos vorgeführt und diese gebeten, die Dozenten aufgrund ihrer nonverbalen Signale, ihrer Körpersprache, Gestik und Mimik zu beurteilen. Obwohl man sich nicht sicher war, ob die Freiwilligen überhaupt in der Lage sein würden, eine solche Beurteilung vorzunehmen – schließlich waren 10 Sekunden Videomitschnitt nicht gerade die Welt –, hatten die Teilnehmer des Experiments damit keine Probleme. Im Gegenteil: Im Handumdrehen hatten sie eine Entscheidung getroffen und eine Einschätzung der Dozenten anhand einer Checkliste mit 15 Eigenschaften vorgenommen. Selbst als man den Clip auf 5 Sekunden verkürzte, blieben die Ergebnisse der Einschätzungen übereinstimmend. Das galt selbst dann noch, als man das Video auf 2 Sekunden limitierte. Doch das war lange nicht alles: Als man diese Ergebnisse mit den Einschätzungen von Studenten verglich, die ein ganzes Semester bei dem jeweiligen Dozenten studiert hatten, musste man auch hier feststellen, dass die Ergebnisse identisch waren.

- Ähnliches belegt der Haloeffekt. Unter diesem versteht man eine Tendenz, bestimmte (tatsächlich nicht vorhandene oder nicht stark ausgeprägte) Eigenschaften einer Person fälschlicherweise als vorhanden oder gut ausgeprägt wahrzunehmen. So erzeugen einzelne Eigenschaften einer Person (zum Beispiel Attraktivität oder sozialer Status) einen positiven oder negativen Eindruck, der die weitere Wahrnehmung der Person überstrahlt und so den Gesamteindruck unverhältnismäßig beeinflusst. Ein typisches Beispiel für diesen Haloeffekt wäre, wenn eine Lehrerin die Leistungen eines gut aussehenden und freundlichen Schülers höher bewertet, als sie es objektiv im Vergleich zu anderen Schülern sind. Im Besonderen bekannt wurde dieser Haloeffekt, als man während des Ersten Weltkriegs untersuchte, wie Vorgesetzte ihre Untergebenen beurteilen. Für diese Studie bat man Offiziere, ihre Soldaten nach bestimmten Gesichtspunkten zu bewerten: so zum Beispiel Intelligenz, Kondition, Führungsqualitäten und Charakter. Während einige Soldaten in fast allen Bereichen hervorragende Noten erhielten, blieben andere in nahezu allen Bereichen unterdurchschnittlich. Man leitete nach genauer Analyse im Endergebnis daraus ab, dass die Offiziere einem Soldaten mit attraktivem Gesicht und guter Körperhaltung automatisch zutrauten, dass er zielgenau schießen, seine Schule blitzblank putzen und sogar Harmonika spielen konnte ...

- Zum Dritten sollte in diesem Zusammenhang der Primäreffekt nicht unerwähnt bleiben. Hierbei handelt es sich um ein psychologisches Gedächtnisphänomen. Der Primäreffekt besagt, dass man sich an eine früher eingehende Information besser erinnern kann als an später eingehende Informationen. Dies wird darauf zurückgeführt, dass die früher eingehende Information leichter ins Langzeitgedächtnis übergehen kann. Ein Beispiel dazu findet sich in der Einschätzung von Personen. Wenn wir zum Beispiel zunächst zu der Überzeugung gelangen, dass ein Mensch egoistisch ist, so wird ein gegenteiliges Verhalten dieser Person (freundlich, offen, hilfsbereit) nicht zwingend dazu führen, dass wir unsere Einschätzung überdenken. Mit einer nicht geringen Wahrscheinlichkeit werden wir stattdessen annehmen, dass dieses »neu« beobachtete Verhalten der Person »falsch«, anbiedern und schleimig sei.

- Die Aussage, dass der erste und der letzte Eindruck prägen, scheint übrigens nicht nur ein geflügeltes Wort, sondern tatsächlich zutreffend zu sein. Der erste Eindruck wird nach allgemeiner Auffassung durch den Primäreffekt geprägt. Der letzte Eindruck durch den sogenannten Rezenzeffekt, nach dem die zuletzt eingehende Information stärkere Bedeutung hat, als das, was »dazwischen« stattgefunden hat.

Im beruflichen Alltag können diese Erkenntnisse Folgendes bedeuten:

- Womöglich schließt jemand aus einem zerknitterten Sakko darauf, dass vor ihm kein sehr ordentlicher Mensch steht.
- Trägt die Versicherungsvertreterin einen kurzen Rock und ein knappes Oberteil, meint der Kunde womöglich, sie würde nicht professionell arbeiten, da sie ja auch nicht professionell gekleidet ist.

- Begrüßt der Mitarbeiter beim Betreten des Besprechungsraums nicht alle Anwesenden, so könnte das Fazit gezogen werden, dass es sich um eine respektlose, desinteressierte Person mit schlechten Umgangsformen handelt.

Selbst wenn der Mitarbeiter mit dem verknitterten Sakko, die Versicherungsvertreterin oder der Besprechungsteilnehmer im Anschluss an die oben genannten Fehltritte sehr eloquent agieren, laufen sie immer Gefahr, dass dieses spätere professionelle Auftreten nicht mehr in Gänze wahrgenommen wird. Der erste Eindruck strahlt so stark, dass alles Nachfolgende davon profitiert oder in Mitleidenschaft gezogen wird. Und so stellt sich das Gegenüber automatisch und blitzschnell folgende Fragen:

- Ist es klug, dem Controller mit dem unordentlichen Sakko unsere wichtigen Zahlen anzuvertrauen?
- Bei meiner Versicherung geht es um meine Existenz. Bin ich wirklich sicher, dass sie dafür die beste Ansprechpartnerin ist?

- Er soll beim Kunden vor Ort unser Unternehmen repräsentieren, obwohl er es nicht einmal intern schafft, zu grüßen?

Das bedeutet auch, dass es tatsächlich nicht immer eine zweite Chance für den ersten Eindruck gibt – mit entsprechenden Konsequenzen: wer im Vorstellungsgespräch nicht im ersten Eindruck überzeugt, dem werden im weiteren Verlauf nachweislich die schwierigeren Fragen gestellt. Wenn es nicht gelingt, den Kunden auf Anhieb als Person beziehungsweise Persönlichkeit zu überzeugen, wird es umso schwerer, ihn von den Inhalten beziehungsweise von dem Angebot zu überzeugen.

Zuerst überzeugt die Person – danach erst die Inhalte, welche die Person vorträgt. Je besser Sie als Person wirken, umso einfacher wird es für Sie, mit Ihren Inhalten zu überzeugen.

Der erste Eindruck in Zahlen

In diesem Zusammenhang stellt sich insbesondere die Frage, wie viel Zeit wir haben, um mit einem ersten Eindruck zu überzeugen. Hier soll es ja unverbesserliche Optimisten geben, die der Meinung sind, dass man hierfür durchaus einige Minuten zur Verfügung hätte. Dem muss ich widersprechen. Man ging vor einigen Jahren davon aus, dass der erste Eindruck innerhalb von 7 Sekunden geprägt wird. Heute weiß man, dass selbst diese kurze Zeitspanne unrealistisch ist. Warum? Der erste Eindruck ist ein Reflex, der durch unser limbisches System beziehungsweise durch unser Reptilienhirn gesteuert wird. Und zwar ganz so, wie es schon in früheren Zeiten gewesen ist: als wir nämlich vor Urzeiten aus unserer Höhle heraustraten, mussten wir in Windeseile entscheiden, mit wem wir es zu tun hatten und wie wir am Besten handeln sollten. Wer zu lange zögerte, um sich zwischen Angriff, Flucht oder Paralyse zu entscheiden, für den hatte sich diese Überlegung bereits erübrigt. Eine schnelle Entscheidung war somit überlebenswichtig. Obwohl wir heute davon ausgehen dürfen, dass wir diesen Schutzreflex weitaus seltener benötigen als in früheren Zeiten, lässt er sich nicht aus uns verbannen. Dementsprechend nehmen wir heute immer noch innerhalb allerkürzester Zeit eine Einschätzung vor. Glauben wir den Wissenschaftlern, soll es sich dabei um 0,3 bis 3 Sekunden handeln – Sekunden mit weitreichender Bedeutung.

Wurden wir vom Gegenüber in eine Schublade gesteckt, so kommen wir da nicht mehr so leicht heraus. Wir nehmen nämlich das, was zu unserer Schublade passt, viel bewusster und intensiver war, als das, was nicht zu unserer Schublade passt. Es mag zwar schon sein, dass die neu kennengelernte Person eigentlich eine ganze Bandbreite an Verhalten zeigt – doch diese Bandbreite wird vom Gegenüber bravourös ausgeblendet. Das ist auch der Grund, warum erstaunlich viele Menschen der Auffassung sind, dass sie gut darin seien, einen zutreffenden ersten Eindruck von einer Person zu gewinnen. Sie sehen schlicht und ergreifend nur das, was sie sehen wollen, sie sehen das, was zu ihrer Schublade passt und nicht das, was tatsächlich da ist. Doch Ausnahmen bestätigen die Regel ...

Wie verlässlich ist der erste Eindruck?

Das *FOCUS*-Magazin berichtete in dem Artikel »Entscheidung in Sekunden« (Nr. 25/2002) über das typische Dilemma und einen klassischen Irrtum im Zusammenhang mit der Einschätzung von Personen und berichtete von einer Party in einem süddeutschen Akademikerhaus. Dort tauchte zu späterer Stunde ein Überraschungsgast auf. Ihr Name war Sabrina, 32 Jahre alt, sie trug ein Kleidchen mit Leopardenmuster, passende Pumps mit Pfennigabsätzen, hatte ein perfekt geschminktes Gesicht und blondes Haar im Stil von Marilyn Monroe. In Sekundenschnelle spaltete sich die Runde: Die Begeisterung der Herren und die Skepsis der Dame bestätigten alle Klischees. Man war sich einig, dass es sich um eine sehr attraktive, aber wohl eher nicht sehr intelligente Dame handelt. Schließlich sei die Schöpfung gerecht. Beim späteren Wissensspiel »Trivial Pursuit« lieferte Sabrina die größte aller

Überraschung. Auf Fragen wie »Wo wurde Vivaldi 1678 geboren? (Venedig)« und »Wer hielt sich 1521/22 unter den Decknamen Junker Jörg auf der Wartburg auf? (Martin Luther)« wusste sie stets die richtige Antwort. Das vermeintliche Dummchen entpuppte sich zur großen Irritation der anderen Gäste als wandelndes Lexikon mit scharfem Verstand.

Erinnern Sie sich vielleicht selbst an eine Situation, in der es Ihnen selbst wie den Partygästen erging und Sie feststellen mussten, dass eine Person ganz anders war, als Sie zunächst angenommen hatten? Das kommt gar nicht so selten vor und in jedem meiner Seminare sitzen Teilnehmer, die genau so etwas zu berichten haben. Da stellt sich natürlich die Frage, ob die These, dass der erste Eindruck übermächtig prägend ist, unter diesen Gesichtspunkten überhaupt haltbar ist. Wissenschaftler gehen davon aus, dass wir sehr wohl in der Lage sind, den ersten Eindruck zu revidieren, sofern der nachträglich eintretende Gegensatz groß genug ist. Wenn Sie sich zum Beispiel privat mit jemandem verabredet haben, den sie erst kürzlich kennengelernt und für höflich, weltgewandt, zuvorkommend und sympathisch empfunden haben, so bedeutet das nicht, dass sich diese Person bei ihrer Verabredung aufführen kann wie ein Elefant im Porzellanladen und dennoch ihren guten Eindruck nicht zerstören könnte. Schließlich ist man ja nicht blind und taub. Wenn also ihre Verabredung viel zu spät beim Treffpunkt erscheint, Ihnen zu Ehren einen Jogginganzug trägt und in puncto Umgangsformen zu wünschen übrig lässt, dann würden sie im Nachhinein sicherlich keine Lanze für sie brechen. Natürlich sind wir in der Lage den ersten Eindruck zu überschreiben – das setzt jedoch stets voraus, dass ein weiteres Miteinander überhaupt stattgefunden hat und dass sich in diesem Miteinander ein großer Gegensatz zum ersten Eindruck gezeigt hat.

Wir müssen uns eingestehen, dass Millisekunden zu wenig Zeit sind, um zutreffend einschätzen zu können, mit wem wir es zu tun haben. Beachten Sie daher:

Zum einen kann man nicht sorgfältig genug den eigenen ersten Eindruck gestalten. Denn der erste Eindruck begleitet uns nachhaltig – im positiven wie auch im negativen Sinne. Es steht nicht zu erwarten, dass das Gegenüber seinen ersten

Eindruck ohne Not umfassend reflektiert. Vielmehr ist es wahrscheinlich, dass es an diesen glaubt und uns in Windeseile in eine Schublade steckt und dort belässt.

Zum anderen macht es Sinn, dass man sich selbst von seinem Gegenüber doch noch einmal ein zweites Bild zu machen versucht.

Schauen Sie lieber ein weiteres Mal genau hin – der erste Eindruck ist zu kurz, als dass wir wirklich wüssten, wer da vor uns steht.

Stimme, Sprache, Signale: Was im ersten Eindruck zählt

Umso wichtiger, dass wir nun einige Überlegungen anstrengen, durch welche Faktoren wir im ersten Eindruck gut wirken. In diesem Zusammenhang wird häufig der kalifornische Wissenschaftler Albert Mehrabian zitiert, der im Jahre 1971 mit einer Studie berühmt wurde, die sich mit der Bedeutung nonverbaler Anteile in der Kommunikation befasste. Nach seiner 7-38-55-Regel sind die Anteile der Kommunikation folgendermaßen verteilt:

- 7 Prozent für die Sprache,
- 38 Prozent für die Stimme,
- 55 Prozent für nonverbale Signale.

Daraus wird allzu häufig abgeleitet, dass dementsprechend Kommunikation hauptsächlich über nonverbale Elemente wirkt und dass das Gesagte mit 7 Prozent nur eine untergeordnete Rolle spielt. Tatsächlich ist das so nicht ganz richtig, denn in seiner Studie untersuchte Albert Mehrabian vielmehr die Bedeutung von nonverbalen Elementen, wenn ein Widerspruch in der Kommunikation auftritt. Daher sind diese Ergebnisse nicht generell übertragbar. Bei seinem Experiment wurde deutlich, dass wenn bei Reden, Vorträgen oder Präsentation eine Inkongruenz zwischen Körpersprache, Stimme und Sprache auftaucht, Zuhörer nicht dem Inhalt (7 Prozent), sondern dem Nonverbalen (55 Prozent) und der Tonalität (38 Prozent) Glauben schenken.

Auch wenn die Studie nicht dem »ersten Eindruck« gewidmet war, ist die Tendenz durchaus übertragbar. Man muss sich ja nur einmal fragen, wie viel eine andere Person innerhalb von 0,3 oder drei Sekunden von ihrem Gegenüber überhaupt wahrnehmen kann. Aufgrund der Kürze der Zeit dürfte es wohl etwas schwierig werden, etwas derart Geistreiches über die Lippen zu bringen, dass die Mitmenschen für immer von einem beeindruckt sind. Es liegt auf der Hand, dass stattdessen nonverbale Signale wie Kleidung, Körpersprache beziehungsweise Gestik und Mimik viel entscheidendere Bedeutung haben müssen.

Der erste Eindruck entsteht innerhalb von 0,3 bis 3 Sekunden. Wir wirken aufgrund der Kürze der Zeit hauptsächlich durch nonverbale Signale wie Körpersprache und Kleidung.

Die Auflösung aus dem Wissenstest am Anfang des Kapitels lautet:

1. Wie lange dauert es, bis Ihr Gegenüber einen ersten Eindruck von Ihnen gewonnen hat?

a) 7 Sekunden.
b) 0,3 Sekunden.
c) Nach dem ersten Wortwechsel, circa 2 Minuten.

2. Was nimmt das Gegenüber beim ersten Eindruck von Ihnen wahr?
   a) Stimme.
   b) Geruch.
   c) Kleidung.
3. Sind Sie in der Lage, den ersten Eindruck zu revidieren?
   a) Ja, wenn ich Zeit mit der Person verbringe.
   b) Ja, wenn ich einen extremen Gegensatz zum ersten Eindruck bilde.
   c) Nein, für den ersten Eindruck gibt es keine zweite Chance.

4
Kleider, die Karrieren machen

> »Man empfängt Menschen nach dem Kleide und entlässt sie nach dem Verstand.«
>
> *Karl Simrock (1802–1876), deutscher Dichter und Philologe*

Kleider machen Leute und Leute in den richtigen Kleidern machen Karriere. Aus dem vorangegangenen Kapitel ist als Fazit hervorgegangen, dass nonverbale Signale besonderen Einfluss auf den ersten Eindruck haben. Und dazu gehört natürlich auch das Thema »Kleidung«. Also testen Sie doch vorab Ihr Wissen zu den Spielregeln des Dresscodes – die Auflösung findet sich auf den nachfolgenden Seiten und am Ende des Kapitels.

Testen Sie Ihr Wissen

1. Welche Farbe der Kleidung wirkt in besonderem Maße zuverlässig, hilfsbereit, kompetent und gilt daher als perfekte Wahl für das Businessoutfit?

a) Schwarz.
b) Anthrazit.
c) Dunkelblau.

2. Wie viele Farben dürfen maximal miteinander kombiniert werden?
   a) Zwei.
   b) Drei.
   c) Vier.
3. Zum dunkelblauen Anzug passen ...
   a) dunkelbraune Schuhe.
   b) dunkelbraune oder schwarze Schuhe.
   c) schwarze oder dunkelblaue Schuhe.
4. Strümpfe haben die Farbe ...
   a) wie die Hose.
   b) wie die Schuhe.
   c) wie Hose oder Schuhe.

Es mag überraschen, aber beim Karriere-Dresscode existieren keine Regeln, die allgemeingültig sind. Denn wenn Sie zum Beispiel in einer Werbeagentur angeheuert haben, sollte Ihr Outfit von Kreativität, Einfallsreichtum und Individualität zeugen. Es wäre also völlig in Ordnung, wenn Sie modisch, vielleicht sogar ein bisschen extravagant und farbenreicher gekleidet sind – Ihre Kleidung ist Sinnbild der Werte, die sich ein Kunde bei Ihnen wünscht. Dieser hofft, dass durch Ihre Beauftragung frischer Wind in die Werbekampagne kommt, dass revolutionäre Ideen entwickelt werden und die Aufmerksamkeit der Verbraucher in besonderem Maße geweckt wird. Kämen Sie da in einem schlichten, unauffälligen Anzug um die Ecke, wäre das somit nicht die beste Nachricht – vielleicht ist es sogar eine bessere Idee, in diesem Zusammenhang eine Jeans zu tragen. Selbstverständlich sieht das ganz anders aus, sofern ihre Wirkungsstätte beispielsweise eine Bank ist. Denn dort setzt der Kunde auf Werte wie Verlässlichkeit, Beständigkeit, Tradition, kurzum auf das Konservative. Genau das erwartet er auch in den Mitarbeitern zu sehen, weshalb klassische und traditionelle Outfits in diesem Umfeld die besten Karrierechancen haben.

Wenn also im Folgenden die Dresscodes für Frauen und Männer beleuchtet werden, so sollten Sie stets im Hinterkopf behalten, in welchem Umfeld Sie sich damit bewegen und welche Signale Sie senden möchten. Von ein paar wenigen Ausnahmen abgesehen, existiert in diesem Zusammenhang kein »richtig« oder »falsch« – es geht vielmehr um »gewollt« oder »ungewollt«. Denn Sie sollten sich auch fragen, ob ein bestimmtes Outfit Sie Ihren Zielen vielleicht ein bisschen schneller näher bringen könnte. Um hier ein Beispiel zu nennen: Wenn mir ein Mitarbeiter einer Unternehmensberatung erzählt, dass er mit Vorliebe hellgraue Anzüge trägt, gleichzeitig jedoch Durchsetzungsvermögen und Kompetenz ausstrahlen möchte, dann passt das nicht recht zusammen. Denn die hellen Farben wecken weitaus weniger Distanz und signalisieren weniger Kompetenz, als das dunkle Töne tun. Es liegt also an Ihnen, zu entscheiden, womit Sie die beste Wirkung erzielen werden. Wenn Ihre Kleidung geeignet ist, die von Ihnen gewünschte Wirkung zu erzielen, ist es für Sie das »richtige« Outfit.

Businessgarderobe für Frauen

Für Frauen im Job gelten zwei Gesetze im Hinblick auf »Kleider« und »Karriere«:

1. Mehr Stoff signalisiert mehr Autorität: Einladende Dekolletés, knappe Röcke, kurze Ärmel, Spaghettiträger, Sandalen oder der Verzicht auf Feinstrümpfe mögen so manchen Kollegen erfreuen, aber nicht sein Vertrauen in Ihre Kompetenz wecken.
2. Feminine Outfits machen weniger schnell Karriere:
   In Anlehnung an den ersten Grundsatz hat sich gezeigt, dass Frauen seltener um ihre Position ringen müssen, wenn sie ein weniger offenherziges Outfit wählen. Das gilt zumindest immer dann, wenn Frauen Führungspositionen anstreben oder sich in ihrer derzeitigen Position mit Männern messen lassen müssen.

Infolgedessen ist es ratsam, sein Outfit dem der Herren im Job dezent anzupassen. Tragen diese dunkle Anzüge, so sind ein dunkler Hosenanzug, ein klassisches Kostüm oder auch eine Kombination aus dunkler Hose und hellem Blazer eine gute Wahl. Das Sommerkleid, die Bluse ohne Blazer oder die Leggins sollten dann besser im Schrank bleiben. Dennoch gibt es natürlich auch Branchen, in denen es ratsam ist, sich gerade nicht im dunkelblauen, konservativ anmutenden Hosenanzug zu zeigen. Wer zum Beispiel im kreativen Umfeld wirkt, der darf das auch durch seine Kleidung zum Ausdruck bringen. Insgesamt betrachtet haben Frauen deutlich mehr Freiheiten, was Kombinationen und Accessoires angeht. Das hängt damit zusammen, dass offizielle Kleidungshinweise seit jeher ausschließlich für die Herren gegeben werden. Werden Sie beispielsweise zu einer Feierlichkeit eingeladen und steht in der Einladung der Hinweis »black tie« vermerkt, so bedeutet das für die Herren, dass der Smoking Pflicht ist. Die Damen müssen sich dagegen überlegen, was das dementsprechend für sie bedeuten könnte. Noch vor ein paar Jahren ging man davon aus, dass das passende

Pendant das lange Abendkleid, die kleine Handtasche, die offenen Schuhe, der echte Schmuck und die hochgesteckten Haare seien. Heute herrscht die Auffassung vor, dass »frau« mit einem eleganten Hosenanzug ebenso angemessen gekleidet wäre. Dieses Beispiel zeigt auf, wie groß das Spannungsfeld ist und wie sehr sich der weibliche Dresscode verändert hat. Kein Wunder also, dass das auch im Job gilt. Die folgenden Eckdaten sollen dabei helfen, das passende Maß zu finden:

Zunächst einmal hilft es, sich über Farben und deren Wirkung Gedanken zu machen. Denn es macht einen deutlichen Unterschied, ob Sie im beigen Kostüm oder dem dunkelblauen Hosenanzug zum Verhandlungstermin erscheinen:

- Dunkle Farben wirken stets kompetenter und seriöser als die hellen Töne. Dabei gilt der Grundsatz: je dunkler, umso autoritärer und desto distanzierender. Ein dunkelblauer Blazer gilt als beste Wahl, da diese Farbe Sinnbild für Zuverlässigkeit, Beständigkeit, Fachkompetenz, Hilfsbereitschaft und Loyalität ist. Das kommt daher, dass man diese Farbe von entsprechenden Berufsgruppen wie u. a. der Polizei oder dem Piloten kennt. Schwarz ist hart, schafft Abstand und gilt als Farbe, der man nicht auf Augenhöhe begegnet. Anthrazit ist neutral und hat zurückhaltenden Charakter. Dunkles Braun gilt als kommunikativ, distanzmildernd, sportlich – ist jedoch keine gute Wahl für Abendveranstaltungen oder konservative Termine.

- Sofern Sie helle Farben für die Grundgarderobe von Anzügen und Kostümen wählen, so müssen Sie sich darüber im Klaren sein, dass diese Farben freundlich, sympathisch, warm und elegant wirken. Was sich auf den ersten Blick eigentlich ganz gut anhört, macht es in manchen Situationen aber schwerer, sich durchzusetzen und »hart« zu verhandeln.
- Kleiden Sie sich nicht zu dunkel, das ist zu distanzierend. Wenn der Hosenanzug dunkel ist, sollten Sie über ein helles Oberteil nachdenken oder durch ein auflockerndes Accessoire wie ein Halstuch Farbe ins Spiel bringen.

- Jede Farbe entwickelt Farbwirkung. Grundsätzlich ist nichts dagegen einzuwenden, beispielsweise ein rotes Oberteil unter dem Blazer zu tragen. Sofern davon nur ein kleiner Teil sichtbar ist, ist die Farbwirkung selbstverständlich zu vernachlässigen. Sobald Sie jedoch den Blazer ablegen, sieht das anders aus. Rot wirkt dominant, laut, autoritär sowie tendenziell aggressiv und signalisiert Gefahr.
- Pastelltöne wie helles Rosa oder helles Blau signalisieren Zartheit und Verletzlichkeit. Das ist gar kein Problem, solange diese in Kombination mit dunklen Tönen getragen werden (Pastelltöne mildern Schwarz beispielsweise hervorragend ab). Gewinnt der Pastellton jedoch die Oberhand, sieht die Sache anders aus.
- Wenn Sie mehr Wirkung erzielen möchten, verzichten Sie auf fade Kombinationen aus »Schwarz und Weiß« oder »Grau und Weiß«. Diese wirken langweilig und vorhersehbar. Denkbar ist, diese durch einen Farbtupfer (Halstuch) aufzufrischen und ihnen dadurch mehr Leben einzuhauchen.

- Übertreiben Sie es nicht mit Farben und Mustern. Es genügt, *ein* auffälliges Kleidungsstück oder Accessoire zu tragen. Wer also die bunte Bluse oder das farbenfrohe Tuch »an Bord« hat, der sollte auf weitere Highlights verzichten.

Neben den passenden Farben und Farbkombinationen gibt es weitere populäre Fragen zum Thema Dresscode für Frauen. Die zehn häufigsten Fragestellungen finden Sie anbei zusammengefasst:

1. Darf man Stiefel tragen?
   Stiefel sind unproblematisch, sofern der Schaft unter dem Hosenbein verborgen bleibt beziehungsweise die Hose über den Stiefel ragt. Nicht businesstauglich ist es, wenn die Hose in den Stiefel gesteckt wird. In Kombination mit einem Rock gilt: ist der Rock so lang, dass er den Stiefel teilweise bedeckt, ist auch das unproblematisch. Handelt es sich dagegen um einen kurzen Rock, so sollte dieser aus festerem, dickerem Stoff

sein – ein eleganter Kostümrock dagegen sieht in Kombination mit Stiefeln meist nicht gut aus. Wird Bein gezeigt, da der Schaft des Stiefels unterhalb des Rocks endet, so achten Sie am besten auf einen durchgängigen Farbverlauf. Das würde bedeuten: schwarzer Stiefel, schwarze blickdichte Strümpfe, schwarzer Rock. Und nicht: schwarzer Stiefel, hautfarbene Strümpfe, schwarzer Rock.

2. Dürfen Oberteile außerhalb der Hose oder außerhalb des Rocks getragen werden? Ja, sofern das Oberteil am Saum gerade geschnitten ist (halbrund geschnittene Oberteile, wie zum Beispiel klassische Blusen werden immer innerhalb der Hose beziehungsweise des Rocks getragen) und das Oberteil nicht länger als der darüber getragene Blazer ausfällt.
3. Muss der Blazer geschlossen werden? Ja, immer dann, wenn Sie nicht sitzen, wird der Blazer zugeknöpft. Dabei bleibt der unterste Knopf stets offen.

4. Dürfen Haare offen getragen werden?
   Aber selbstverständlich! Nur, wenn es sich um sehr lange und auffallende Haare handelt und man in einem konservativen Umfeld arbeitet, müssen die Haare zusammengebunden werden.
5. Sind Absätze Pflicht?
   Nein, wenn es Ihnen beliebt, können Sie gern auch auf flache Schuhe zurückgreifen. Falls es doch Absätze sein dürfen, gilt die Devise »je höher der Schuh, umso breiter der Absatz«, damit Sie nicht auf 10 cm hohen Pfennigabsätzen unterwegs sind.
6. Muss es immer ein Gürtel sein?
   Nein, nur, wenn sie Gürtelschlaufen haben oder jemand die Gürtelschlaufen sieht.
7. Gehen helle Schuhe zum dunklen Anzug?
   Nein, das Prinzip lautet: nach unten wird es dunkler oder bleibt gleich dunkel. Zum dunkelblauen Hosenanzug bei-

spielsweise trägt man daher nie helle Schuhe, sondern greift auf schwarz oder dunkelblau zurück.

8. Wie viele Accessoires sind noch in Ordnung?
   Tragen Sie insgesamt nicht mehr als neun Dinge sichtbar. Man weiß nämlich, dass unser Gegenüber nur bedingt aufnahmefähig ist. Lenken wir seine Aufmerksamkeit auf diverse Accessoires, geht das zulasten der Aufmerksamkeit für das, was Sie zu sagen haben. Im Einzelfall bedeutet das beispielsweise: ein Paar Schuhe (1), ein Paar Feinstrümpfe (2) (Ausnahme: Wenn diese Hautfarben sind, werden sie nicht gezählt, weil man sie dann nicht »sieht«.), ein Rock (3), eine Bluse (4), ein Blazer (5), ein Paar Ohrringe (6), eine Halskette (7), einen Ring (8), eine Brille (9).
9. Wie steht es um Make-up?
   Ein dezentes Make-up ist begrüßenswert, weil es nach allgemeiner Auffas-

sung zu einem gepflegten Erscheinungsbild beiträgt.

10. Müssen es immer Feinstrümpfe sein?
Ja, und das leider ohne Ausnahme, weil im Business nie »nacktes« Bein gezeigt werden sollte. Und bitte keine gemusterten Strümpfe.

Businessgarderobe für Männer

Bei den Herren hat sich das Businessoutfit in den letzten Jahren oder fast schon Jahrzehnten nicht sonderlich geändert und das ist übrigens auch nicht in den kommenden Jahren zu erwarten. Dennoch spielen modische Akzente eine kleine Rolle und so werden Sakkos mal kürzer (und dann auch wieder länger) und Krawatten mit Comicmuster hat man hoffentlich schon lang nicht mehr gesehen. Doch grundsätzlich bleibt ein klassisches Outfit bei den Herren, wie es ist. Es besteht aus:

- einem dunklen Anzug,
- einem langärmeligen Hemd,

- einer dezent gemusterten Krawatte und
- dunklen Schuhen.

Wenn man hier von modernen Einflüssen spricht, so wirken sich diese lediglich darauf aus, ob eine Krawatte schmal oder breit ausfällt oder ein Hosenbein eher eng geschnitten ist etc.

Manch einer sagt, das sei doch eine gute Nachricht, dann könne man nicht allzu viel falsch machen. Andere wiederum bedauern, dass nicht mehr Akzente denkbar sind. Um entscheiden zu können, was in Ihrem Umfeld passt, widmen wir uns zunächst den Farben Ihrer Kleidung:

- Dunkle Farben wirken seriöser und kompetenter als die hellen Töne. Bevorzugen Sie daher Anzüge in den Farben dunkelblau, anthrazit oder schwarz. Dunkles Braun ist nicht in allen Branchen akzeptiert; es gilt als sportlich und kommunikativ, stellt jedoch keine klassische Variante dar. Riskieren Sie daher kein dunkelbraun bei Abendveranstaltungen und sehr wichtigen Terminen. Sind Sie zu einer abendlichen Veranstaltung eingeladen, zum Beispiel zu einem Stehempfang oder einem Vortrag, so geben Sie dem dunkelblauen Anzug den Vorzug. Schwarz sollte bei Abendveranstaltungen dem Smoking vorbehalten sein.

- Tragen Sie insgesamt nicht mehr als drei Farben und zwei Muster. So zum Beispiel einen grauen Anzug (Farbe 1), ein hellblaues Hemd (Farbe 2) und eine grau-blau-weiß gemusterte Krawatte (Weiß = Farbe 3 beziehungsweise Muster 1). Aufpassen: Manch eine Krawatte ist geeignet, dieses Farbschema zu sprengen. Sollte so etwas in ihrem Kleiderschrank hängen, sollten Sie den Rest sehr schlicht kombinieren und Farbwiederholungen setzen.
- Wenn Sie zwei Muster miteinander kombinieren, so wählen Sie ein kleines und ein großes Muster. Zwei kleine beziehungsweise zwei große Muster harmonieren nur selten miteinander.
- Kleine Muster sehen edler aus als große Muster.
- Bei der Wahl der Hemdfarbe sind klassische, helle Farbtöne zu bevorzugen. Dazu gehören weiß, hellblau, hellrosa, hellgrau oder beige. Dunkle Hemden zum dunklen

Anzug überlassen Sie besser anderen. Gleiches gilt für kräftige Hemdfarben wie Fuchsia oder Orange etc.

- Je dunkler die Farbe der Kleidung, umso mehr Distanz wird signalisiert. Darum sagt man auch, dass Schwarz eine Chef-Farbe sei und die Devise gelte, je höher die Position, umso dunkler die Kleidung. Daher raten Karriereberater Karrierewilligen, sich stets ein Tick besser zu kleiden, als es die derzeitige Position erfordert. Man gebe damit durch nonverbale Signale zu verstehen, dass man jederzeit für Höheres geeignet wäre.
- Sofern Sie Distanz mildern möchten, kombinieren Sie zum Beispiel zum schwarzen Anzug ein hellblaues Hemd. Pastelltöne wie helles Blau stehen für Sanftheit und Freundlichkeit und nehmen dem Schwarz die Strenge.

Neben den Farben der Kleidung gibt es beim Erscheinungsbild einige Fettnäpfchen zu umschiffen. Anbei die zehn größten No-Go's:

1. Vorsicht mit braunem Schuhwerk. Wenn Sie klassisch kombinieren, dann gehören zum dunklen Anzug auch dunkle Schuhe. Konkret bedeutet das, dass zum dunkelblauen Anzug schwarze Schuhe, zum grauen Anzug ebenfalls schwarze Schuhe, zum schwarzen Anzug sowieso schwarze Schuhe und zum braunen Anzug braune Schuhe kombiniert werden. Entgegen aller Annahmen ist es nicht korrekt, die braunen Schuhe zu einer anderen Anzugfarbe als braun zu kombinieren.
2. Die Annahme, ein kurzärmeliges Hemd würde in den Sommermonaten das langärmelige Hemd gleichwertig ersetzen können. Das stimmt nicht. Korrekt kombiniert gehört zum Anzug ein Hemd mit langen Ärmeln. Erst, wenn Sie annehmen, dass Ihr Gegenüber aufgrund sommerlicher Temperaturen und mangels Klimaanlage keine Freude an Ihnen und Ihrem korrekten Hemd hat, weil Ihnen

zu heiß ist und er Ihnen das auch ansieht, können Sie ausnahmsweise auf das Kurzarmhemd zurückgreifen. Das gilt aber wirklich nur in sommerlichen Notfällen, und damit wir uns richtig verstehen: Der Sommer fängt keinesfalls an einem warmen Tag im April an!

3. Ein Button-down-Hemd mit Krawatte zu kombinieren. Wenn bei einem Hemd der Kragen sichtbar geknöpft wird, handelt es sich um ein Button-down-Hemd. Dieses hat seine Ursprünge im Polosport und hat daher Freizeitcharakter. Ein solches Hemd wird somit nicht mit Krawatte kombiniert und ist kein taugliches Businesshemd.
4. Die Hosenlänge missachten. Keiner behauptet, dass es einfach sei, die richtige Hosenlänge zu finden – dennoch sind Hochwasser oder Ziehharmonikahosen (bei denen sich das Hosenbein aufstaut) keine Alternative. Korrekt sitzt

die Hose, wenn sie im Stehen mit einer Falte auf dem Schuh vorne aufsitzt.

5. Mehr als neun Dinge sichtbar tragen. Die Devise lautet: Tragen Sie nie mehr als neun Dinge mit sich herum. So zum Beispiel: ein Paar Schuhe (1), eine Hose (2), einen Gürtel (3), ein Hemd (4), eine Krawatte (5), ein Sakko (6), einen Ehering (7), eine Brille (8), ein Paar Manschettenknöpfe (9). Als Schmuck sind bei Herren lediglich die Uhr, ein Paar Manschettenknöpfe und ein Ring (Ehering am Ringfinger) denkbar. Die Uhr als Statussymbol ist jedoch mit Vorsicht zu genießen. Korrekt ist es, wenn die Uhr unter der Manschette verborgen bleibt.
6. Nacktes Bein zeigen. Die Strümpfe haben den Farbwert der Hose und sind so lang, dass auch im Sitzen kein nacktes Bein zu sehen ist.
7. Das Sakko falsch schließen. Stets bleibt der unterste Knopf offen, da früher Geh-

röcke getragen wurden, in denen man nicht hätte laufen können, wenn nicht der unterste Knopf offengeblieben wäre. Und so ähnlich ist es auch heute noch: Lassen Sie bei zwei Knöpfen den untersten Knopf offen und schließen Sie lediglich den oberen. Bei drei Knöpfen können Sie wahlweise nur den mittleren oder den mittleren und den oberen Knopf schließen. Übrigens wird das Sakko immer geschlossen, wenn »mann« nicht sitzt. Eine Ausnahme hierzu bildet die Weste.

8. Sich beim Einstecktuch in der Farbe zu vertun. Ein Einstecktuch ist von der Farbe her mit dem Hemd identisch, nicht mit der Krawatte.
9. Einen 3-Tage-Bart tragen. Das geht wirklich nur in legeren Branchen, in allen anderen Fällen ist das tabu.
10. Den obersten Hemdknopf offenlassen. Das geht gar nicht, wenn Sie Krawatte tragen. Wenn Sie auf die Krawatte ver-

zichten, so sollten Sie den obersten Knopf offenlassen, sonst sieht es zu zugeknöpft aus – aber übertreiben Sie es nicht. Ist das Hemd im beruflichen Kontext so weit aufgeknöpft, dass man mehr als nur den Hals oder gar schon den T-Shirt-Kragen drunter sehen kann, ist das definitiv zu viel des Guten.

Wenn Sie eingeladen werden, so findet sich im beruflichen Umfeld nicht selten auf dem Einladungsschreiben ein Hinweis darauf, welcher Dresscode angesagt ist. Daher hier die häufigsten Dresscodes im Überblick und was sie bedeuten:

- Casual: Jeans, Hemd oder Poloshirt, Sneakers.
- Smart Casual: dunkles Sakko, helle Stoffhose (zum Beispiel beige), Hemd oder Poloshirt, klassisches Schuhwerk.
- Business Casual: Anzug mit Hemd ohne Krawatte.
- Business: Anzug mit Hemd und Krawatte.

Weitere Tipps für ein sympathisches Erscheinungsbild

- Bringen Sie Ihre Anzüge oder ihr Kostüm spätestens nach dem fünften Tragen in die Reinigung.
- Lüften Sie Ihren Anzug oder Kostüm vor erneutem Tragen mindestens 24 Stunden lang, am besten an der frischen Luft oder verwenden Sie ein neutral riechendes Textilerfrischerspray. Bügeln Sie vor jedem Tragen Knitterfalten heraus.
- Wenn Sie viel sitzen, zerknittert eine Anzughose im Handumdrehen. Wussten Sie schon, dass es hierfür Anti-Knitter-Sprays (zum Beispiel von »The Laundress«) gibt, die Sie aufsprühen und den Stoff dadurch wieder glätten können?
- Haben Sie stets ein Ersatzhemd, eine Ersatzkrawatte beziehungsweise ein Oberteil und Feinstrümpfe in Reserve, falls mal etwas daneben gegangen ist.

- Tragen Sie dasselbe Paar Schuhe nie an zwei Tagen hintereinander. Gleiches gilt selbstverständlich für das übrige Outfit.
- Achten Sie auf »Beiwerk« zum Businessoutfit, wie seriöse Aktentaschen, einen guten Mantel, einen guten Schal und hochwertiges Schuhwerk.
- Duschen Sie ein- bis zweimal täglich und verwenden Sie unabhängig von der subjektiv empfundenen Notwendigkeit ein Anti-Transpirant-Deodorant. Sie vermeiden dadurch Schweißflecken am Hemd unter den Achseln.
- Herren waschen ihre Haare täglich – die Damen mindestens jeden zweiten Tag.
- Rauchen Sie nicht unmittelbar vor wichtigen Terminen oder in Pausen bei Besprechungen. Die anderen würden es sonst riechen.

Die Auflösung des Wissenstests am Anfang des Kapitels lautet:

1. Welche Farbe der Kleidung wirkt in besonderem Maße zuverlässig, hilfsbereit, kompetent und gilt daher als perfekte Wahl für das Businessoutfit?
   a) Schwarz.
   b) Anthrazit.
   c) Dunkelblau.
2. Wie viele Farben dürfen maximal miteinander kombiniert werden?
   a) Zwei.
   b) Drei.
   c) Vier.
3. Zum dunkelblauen Anzug passen ...
   a) dunkelbraune Schuhe.
   b) dunkelbraune oder schwarze Schuhe.
   c) schwarze oder dunkelblaue Schuhe.
4. Strümpfe haben die Farbe ...
   a) ... wie die Hose.
   b) ... wie die Schuhe.
   c) ... wie Hose oder Schuhe.

5
Nonverbal übertrumpft verbal

»Ein guter Diplomat muss mit den Ohren sehen und mit den Augen schweigen können.«

Lawrence Durrell (1912–1990), britischer Schriftsteller und Diplomat

Es wäre zu kurz gedacht, sich bei der Frage, wie man »gut« wirkt und bei den nonverbalen Signalen ausschließlich mit dem Thema Dresscodes zu beschäftigen. Die Körpersprache spielt eine ebenfalls nicht zu unterschätzende Rolle. Oder können Sie sich vorstellen, dass jemand überzeugend auftritt, obwohl er den Blick gesenkt hält, eine gebückte Haltung einnimmt, kaum lächelt und nur zögernd einen Schritt nach dem anderen macht? Wohl eher nicht. Dazu ein Beispiel: Stellen Sie sich einen Vater vor, der zu seinem kleinen Sohn sagt: »Du kannst jederzeit zu mir kommen.« So gut sich dieser Satz auch anhört, stellen wir uns weiter vor, dass der Vater derweil die Arme vor dem Körper verschränkt und eine grimmige Miene aufsetzt. Würden Sie tatsächlich dem kleinen

Jungen raten, dass er die Worte für bare Münze nehmen sollte? Wohl eher nicht. In diesem Fall ist eine Diskrepanz zwischen den Worten und der Körpersprache zu sehen und es besteht somit keine Übereinstimmung zwischen dem Verbalen und dem Nonverbalen. Wenn wir eine solche Diskrepanz feststellen, überzeugt uns stets das Nonverbale. Sie tun daher gut daran, ihre nonverbalen Signale in puncto Körpersprache zu reflektieren und zu optimieren. Wenn Sie möchten, können Sie vor der weiteren Lektüre aber auch erst einmal Ihr Wissen hinterfragen.

Testen Sie Ihr Wissen

1. Verschränkte Arme können ein Zeichen von ...
   a) Gemütlichkeit.
   b) Ablehnung.
   c) Unsicherheit sein.
2. Es wirkt bedrohlich, wenn ...
   a) Hände nicht sichtbar sind.
   b) Füße überkreuzt werden.
   c) der Blickkontakt nicht gehalten wird.

Die Klassiker der nonverbalen Missgeschicke

Sehr wahrscheinlich haben Sie schon einmal davon gehört, dass die folgenden nonverbalen Signale nicht die beste Idee sind. Sehr wahrscheinlich ist jedoch auch, dass Sie sich selbst und andere regelmäßig dabei ertappen, dennoch diese Haltung einzunehmen. Oft liegt das daran, dass es sich dabei schlicht und ergreifend um eine schlechte Angewohnheit handelt und dass es uns nicht mit allen Facetten bewusst ist, warum die jeweilige Haltung so wenig ratsam ist.

Daher anbei No-Go's aus dem Bereich der Gestik und ihre Alternativen in der Übersicht:

- Arme vor dem Körper verschränken: Werden die Arme vor dem Körper verschränkt, lässt das eine Vielzahl an Interpretationen zu. So zum Beispiel, dass es sich um eine ablehnende Haltung, Unsicherheit, Dominanz, Frieren oder Gemütlichkeit handeln könnte. Diese Vielzahl an Deutungen macht klar, dass es gar nicht so einfach ist, Körpersprache zu entschlüsseln. Es ist daher zu kurz gedacht, aus verschränkten Armen auf direktem Wege auf Ablehnung zu schließen. In diesem Zusammenhang fragen mich die Teilnehmer meiner Seminare häufig, ob Körpersprache nicht nur dann relevant sein könnte, wenn einem jemand gegenüber sitzt, der diese nonverbalen Signale bewusst deuten kann. Sie gehen davon aus, dass der unkundige Gesprächspartner dagegen die Körpersprache nicht wahrnehmen kann und daher auch nicht als positiv oder negativ empfinden würde. Diese Annahme ist so nicht zutreffend – vielmehr wird umgekehrt ein Schuh daraus. Selbst wenn der Gesprächspartner die Körpersprache nicht *bewusst* deutet, so heißt das nicht, dass er diese nicht *unbewusst* wahrnehmen würde. Auch hier wirkt Körpersprache sehr wohl und es stellt sich nur noch die Frage, ob sie ein gutes oder eher ein schlechtes Gefühl hinterlässt. Bei den verschränkten Armen ist man sich sehr sicher, dass diese ein schlechtes Gefühl beim Gegenüber erzeugen. Es liegt daran, dass die Hände nicht gut sichtbar sind. In früheren Zeiten bedeutet das, dass mit großer Wahrscheinlichkeit Gefahr im Verzug war – denn wenn damals jemand die Hände nicht zeigte, hatte er etwas zu verbergen und hielt womöglich eine Waffe in den Händen … und auch, wenn es heute nicht sehr wahrscheinlich ist, dass wir im Büro jemandem gegenübersitzen und uns überlegen müssten, ob der andere seine Hände nicht zeigt, da er bewaffnet sein könnte, so bleibt das Fazit, dass Körpersprache heute nach wie vor eine Wirkung entfaltet. Man geht davon aus, dass diese archaischen Muster so tief in uns verwurzelt sind, dass wir uns bis heute nicht davon frei schwimmen konnten. Genauso ist es zu erklären, dass eine verschränkte Armhaltung beim Gegenüber noch immer ein Unwohlsein hervorrufen kann. Das ist dann auch der wesentliche Grund, warum die verschränkten Arme eine ungute Haltung bedeuten.

- Hände in der Hosentasche: Wenn Hände in der Hosentasche verschwinden, sind sie logischerweise nicht sichtbar. Noch dazu gilt jegliche Gestik unterhalb der Gürtellinie als negativ. Auch wenn sie es tagtäglich bei den Kollegen und Führungskräften sehen: Es ist und bleibt eine ganz schlechte und unhöfliche Gestik. Machen Sie es besser nicht!

- Hände hinter dem Rücken: Einmal mehr sind die Hände nicht sichtbar und einmal mehr haben wir somit eine negative Körperhaltung gefunden. Fazit: besser bleiben lassen!
- Arme rechts und links hängen lassen: Das wirkt oft untätig und unentschlossen. Noch dazu sind die Hände im negativen Bereich, der sich unterhalb der Gürtellinie befindet. So sieht niemand aus, der Großes vorhat!
- Das »Dreieck« nach Angela-Merkel-Manier: Wenn es eine so prominente Politikerin vormacht, ist es vielleicht keine schlechte Idee, könnte man meinen ... doch tatsächlich kommt es auf die Position und den Anlass an und darauf, ob Ihnen diese Haltung zusteht. Sie wird nämlich als ein Keil interpretiert, der mit der nach vorn gerichteten Spitze entgegenkommende Angriffe

vom Körper ableitet. Diese Haltung steht daher für Dominanz, Autorität und symbolisiert den Willen, seinen eigenen Weg zu gehen.

»Wie denn dann?« Fast könnte man meinen, dass gar keine gute Haltung mehr übrig sein kann, da wir sowieso schon fast alle aussortiert haben. Zum Glück ist es nicht ganz so dramatisch. Anbei einige Ideen, die nicht nur besser aussehen, sondern auch wesentlich besser wirken:

- Denkerpose: Wenn Sie eine Hand ans Kinn legen, erinnern Sie im Handumdrehen an Auguste Rodins Plastik »Der Denker« und das ist nicht die schlechteste Idee. Zwar weiß man, dass für diese Plastik ein zwielichtiger Zeitgenosse aus dem Rotlichtmilieu Modell stand, aber das tut dem positiven Effekt keinen Abbruch. Diese Handhaltung steht für maximale Aufmerksamkeit sowie Konzentration und ist eine hervorragende Haltung, wenn Sie jemandem zuhören.

- Nehmen Sie die Hände vor dem Körper auf Bauchnabelhöhe zusammen. Damit liegt die Gestik im positiven Bereich, ist gut sichtbar und bildet somit eine optimale Ausgangsposition.
- Bei Herren sieht es oft souverän aus, wenn sie im Stehen eine Hand vor dem Körper auf Bauchnabelhöhe halten und die andere Hand am Körper entlang hängen gelassen wird. Das ist eine Mischung aus einer Handhaltung im positiven und einer im negativen Bereich und damit noch vertretbar.
- So bitte nicht: Pressen Sie bei den vorgenannten Vorschlägen nie die Hände mit der Handinnenfläche auf den Bauch (Ihnen ist ja nicht übel, oder?), nehmen Sie keine Gebetshaltung ein oder legen Sie nicht die Hände so angespannt zusammen, dass die Knöchel an den Händen weiß hervortreten.

Darüber hinaus empfehle ich Ihnen, dass Sie Ihren Stand reflektieren. Nicht selten kann man zumindest die Herren dabei beobachten, dass ihre Füße gefühlt in verschiedenen Stadtteilen stehen und somit ein sehr breiter Stand eingenommen wird. Wer so dasteht und nicht zur Berufsgruppe der Polizisten oder Securitybeamten gehört, erzeugt das Gefühl von Überheblichkeit und weckt dadurch im Handumdrehen Antipathie. Ein guter Stand ist hüftbreit – wirklich nicht mehr!

Sicher kennen Sie den Spruch: »Ein Lächeln sagt mehr als 1000 Worte.« Hin und wieder sind wir geneigt, diesen Spruch als selbstverständlich abzutun. Dabei könnte man ihn nicht oft genug wiederholen. Oder wussten Sie, dass ein Nichtlächeln sehr viel häufiger ein Zeichen von Unsicherheit als von Unfreundlichkeit ist? Das bedeutet auch: Immer dann, wenn Sie sich in Situationen wähnen, in denen Sie sich nicht völlig sattelfest fühlen, kommt Ihnen das Lächeln schneller abhanden, als Ihnen bewusst ist. Im Umkehrschluss bedeutet das: Ein Lächeln ist ein Zeichen von Sicherheit, Souveränität und Kommunikationsfähigkeit. Sicher nicht die schlechtesten Karriereeigenschaften ...

Vergessen Sie zu guter Letzt nicht, den Blickkontakt zu halten. Wenn zwei Menschen sich miteinander unterhalten, spricht für gewöhnlich der eine, während der andere zuhört. Die Person, die gerade spricht, ist nicht in der Lage, permanent den Blickkontakt zu halten – sie muss sich konzentrieren und ist auf der Suche nach den richtigen Worten. Immer dann, wenn der Sprecher mit seinem Blick zum Zuhörenden zurückkehrt, erwartet er, dass dieser den Augenkontakt erwidern kann. Kann er das nicht, weil er gerade die Umgebung beobachtet hat, so entsteht unmittelbar das Gefühl der Unaufmerksamkeit, was natürlich Einfluss auf das Gespräch und auf die Zuneigung des Gesprächspartners hat. Daher gilt: Sobald Sie sich in einer zuhörenden Position befinden, gibt es nichts Wichtigeres, als die Person, die gerade spricht. Halten Sie ununterbrochen Blickkontakt und signalisieren Sie dadurch ungeteilte Aufmerksamkeit. Keine Sorge, zum gegenseitigen Anstarren wird es nicht kommen, da der Sprechende regelmäßig mit seinem Blick abschweift. Und sollte Ihnen je einmal zu viel Blickkontakt entstehen, so richten Sie Ihre Augen auf die Nasenspitze des Gegenübers oder auch auf den Fußboden, während Sie aktives Zuhören durch entsprechendes Gemurmel (»Ah ja …«, »Interessant«, »Verstehe«) signalisieren.

Achtung! Vor einigen Jahren war man noch der Meinung, dass man den Blick am besten auf die Nasenwurzel des Sprechenden richten sollte; heute jedoch weiß man, dass das dem anderen den Eindruck vermittelt als würde man ihm in beide Augen gleichzeitig blicken. Heute weiß man, dass das als eher zudringlich empfunden wird, da wir uns normalerweise auf lediglich ein Auge des Gesprächspartners fokussieren.

Die Auflösung des Wissenstests am Anfang des Kapitels lautet:

1. Verschränkte Arme können ein Zeichen von ...
   a) **Gemütlichkeit**
   b) **Ablehnung**
   c) **Unsicherheit** sein.
2. Es wirkt bedrohlich, wenn ...
   a) **Hände nicht sichtbar sind.** (In früheren Zeiten konnte das bedeuten, dass der Gegenüber bewaffnet ist.)
   b) Füße überkreuzt werden.
   c) der Blickkontakt nicht gehalten wird.

6
Begrüßungen und Vorstellungen

»Neun Dinge sind es, auf die der Edle sorgsam achtet: Beim Sehen achtet er auf Klarheit, beim Hören auf Deutlichkeit, in seiner Miene auf Freundlichkeit, im Benehmen achtet er auf Höflichkeit, im Reden auf Ehrlichkeit, im Handeln auf Gewissenhaftigkeit. Wenn ihm Zweifel kommen, fragt er andere. Ist er im Zorn, bedenkt er die Folgen. Angesichts eines persönlichen Vorteils fragt er sich, ob er auch ein Anrecht darauf hat.«

Konfuzius (551–479 v.Chr.), chin. Philosoph

Testen Sie Ihr Wissen

1. Wen begrüßen Sie im privaten Kontext zuerst – den 80-jährigen Mann oder die 20-jährige Frau?

a) Alter vor Schönheit.
b) Ladies first.
c) Ich frage, wen ich zuerst begrüßen darf.

2. Sie treffen auf Ihren Chef und seine Sekretärin. Wem reichen Sie zuerst die Hand?
   a) Ladys first.
   b) Immer dem Chef.
   c) Keinem von beiden.
3. Sie begegnen einem Bekannten in Begleitung einer Dame. Wie agieren Sie bei der Begrüßung?
   a) Ladys first.
   b) Ich begrüße meinen Bekannten und stelle mich dann der Dame vor.
   c) Ich begrüße meinen Bekannten.
4. Sie treffen auf Frau Prof. Dr. Schmidt. Wie sprechen Sie sie an?
   a) Frau Professor Dr. Schmidt.
   b) Frau Professorin Schmidt.
   c) Frau Professor Schmidt.

Obwohl wir jeden Tag Begrüßungs- und Vorstellungsrituale erleben, ist es zugleich der Themenbereich, in welchem die meisten Fehler zu beobachten sind. Nun kann man sich fragen, ob das so relevant ist, wenn die meisten Menschen die Rituale doch selbst nicht richtig beherrschen. So berechtigt die Frage auch ist, muss die Antwort bei näherem Betrachten doch lauten, dass das nicht die entscheidende Fragestellung sein darf. Denn zum einen weiß man nicht, zu welcher Kategorie (wissend oder nichtwissend) das Gegenüber gehört. Und zum anderen sollten nicht andere Leute, sondern vielmehr der Anspruch an sich selbst darüber entscheiden, wie man agieren möchte.

Tatsache ist, dass ein souveränes Begrüßungsritual Sie im Handumdrehen von den durchschnittlichen Akteuren abhebt und Sie dabei unterstützt, mit einem smarten Auftreten zu glänzen. Das könnte man schwerer bekommen, denn ein Hexenwerk sind Begrüßungen und Vorstellungen ganz bestimmt nicht.

Wer begrüßt wen zuerst – Regeln zur Begrüßung im privaten Umfeld

Ladys first

»Ladys first« ist die richtige Devise, wenn man sich im privaten Umfeld bewegt. Hier wird nämlich stets die Frau vor dem Mann begrüßt. Dabei spielt es keine Rolle, wie groß der Altersunterschied zwischen der Frau und dem Mann ist. Selbst wenn die Dame deutlich jünger als der Herr ist, bleibt es bei der Regel »Ladys first«.

Die Ältere vor der Jüngeren

Sofern Sie auf zwei Damen treffen, wobei die eine offensichtlich jünger als die andere ist, so begrüßen Sie stets die ältere Dame vor der jüngeren Frau. Gleiches gilt selbstverständlich, wenn Ihnen zwei Herren begegnen.

Von links nach rechts

Begrüßungsrituale spielen sich von Ihnen aus gesehen von links nach rechts ab. Immer dann, wenn Sie auf mehrere Personen zukommen, starten Sie das Ritual also von links nach rechts (von Ihnen aus betrachtet). So lösen Sie beispielsweise auch das Dilemma, im privaten Umfeld vor zwei Damen zu stehen und nicht zu wissen, welche von beiden die Ältere ist. Auch hier begrüßen Sie im Zweifelsfall von links nach rechts. Auf der Suche nach der Begründung hierfür trifft man auf eine historische Erklärung. In früheren Zeiten trugen die Herren auf ihrer linken Seite das Schwert, wohingegen rechts neben ihm die Dame lief. Daraus schlussfolgern wir, dass die Person links die Person rechts neben sich beschützt. Das bedeutet, dass bei zwei Damen links die jüngere stehen sollte und rechts neben ihr steht eben die ältere Dame – denn »Jung« beschützt »Alt«. In diesem Zusammenhang wird natürlich häufig gefragt, wie wahrscheinlich es ist, dass die Personen gegenüber sich richtig »aufgestellt« haben. Auch wenn es überraschend klingt, empfinde ich das als unerheblich. Denn es geht in erster Linie darum, dass Sie in einer schwierigen Begrüßungssituation eine Entscheidung treffen müssen. Wenn offensichtlich ist, wer von beiden die ältere Dame ist, dürfen Sie selbstverständlich auf diese zuerst zu gehen und sie begrüßen. Wenn es nicht offensichtlich ist, starten Sie Ihr Ritual von Ihnen aus gesehen von links nach rechts und machen damit alles richtig. Leider gibt es keine Garantien dafür, dass sich die Partei Ihnen gegenüber korrekt aufgestellt hat – doch mehr können Sie für ein richtiges Begrüßungsritual nicht tun.

Tipp: Wenn Sie sich an Regeln wie »von links nach rechts« beim Begrüßen halten, ist es nur konsequent, wenn Sie auch selbst einige Gedanken investieren, ob Sie selbst rechts oder links angesiedelt sein sollten (sofern Sie nicht alleine unterwegs sind).

Und bevor Sie sich jetzt Gedanken machen, dass es ganz schön schwierig werden könnte, mehr als zwei Personen richtig »aufzustellen« … das ist nur wichtig, wenn es sich um zwei Personen handelt. Darüber hinaus darf ohnehin der Reihe nach begrüßt werden.

Bei mehreren Personen

Treffen Sie auf eine größere Runde, so wäre es sehr mühselig, die Damen vor den Herren zu begrüßen oder die älteren Damen vor den jüngeren Damen etc. Darum dürfen Sie hier die Formulierung »ich darf Sie der Reihe nach begrüßen« aus dem Hut zaubern, um dann auch genau das zu tun. Haben Sie diese Erklärung einmal ausgesprochen, so sollten Sie sich selbst daran halten. Gehen Sie darum auch wirklich der Reihe nach vor und vermeiden Sie Ausnahmen. Zur Anwendung kommen kann diese Begrüßungsfolge ab mindestens drei Personen.

Als Gastgeber

Als Gastgeber entscheiden Sie über das Begrüßungsritual. Das bedeutet, dass Sie beim Empfang Ihrer Gäste initiativ sind und diesen die Hand reichen. Es spielt dabei keine Rolle, ob Ihre Gäste weiblich oder männlich sind und welcher Altersklasse Sie angehören.

Im beruflichen Umfeld

Paradoxerweise wird hier das, was im Privaten richtig ist, zum größten Stolperstein. So ist es allzu häufig zu beobachten, dass auch im Job nach der Manier »Ladys first« oder »Alter vor Jugend« begrüßt wird. Doch leider ist das an dieser Stelle falsch. Vielmehr entscheidet die Hierarchie darüber, wer zuerst gegrüßt wird. Das bedeutet, dass keinesfalls der Assistentin vor der Führungskraft die Hand gereicht wird. Darüber hinaus entscheidet der Ranghöchste darüber, ob er überhaupt die Hand geben möchte. Daraus ergeben sich folgende Ableitungen:

- Richtig: Wenn ein Mitarbeiter auf seinen Chef und dessen Assistentin trifft, grüßt der Mitarbeiter die beiden, indem er eine Grußformel formuliert (»Guten Tag«). Der Chef seinerseits entscheidet, ob er dem Mitarbeiter die Hand reichen möchte. Tut er das, nimmt der Mitarbeiter diese natürlich an. Im Anschluss erfolgt die Begrüßung zwischen Assistentin und Mitarbeiter.

- Falsch: Der Mitarbeiter reicht der Assistentin die Hand, bevor die Begrüßung zwischen ihm und seinem Chef stattgefunden hat.
- Falsch: Der Mitarbeiter reicht dem Chef die Hand. Begründung: Der Chef darf entscheiden, ob er die Hand geben möchte. Wer an dieser Stelle meint, es sei gar unwürdig, sich dem Gedeih und Verderb der Führungskraft so auszuliefern, dem sei gesagt, dass diese Variante das Leben eigentlich nur erleichtert. Denn oft fragen Mitarbeiter, woran sie denn erkennen könnten, dass Sie dem Chef die Hand geben sollen. Sie fragen, ob das jeden Morgen vonnöten sei oder ob es reiche, sich nur dann per Handschlag zu begrüßen, wenn man sich mal einige Tage nicht gesehen hat. Ganz einfach: Der Mitarbeiter trifft diese Entscheidung nicht – er überlässt diese stattdessen dem Vorgesetzten.

Achten Sie insbesondere im beruflichen Umfeld auf die passende Grußformel. Von wenig Fingerspitzengefühl zeugt es, als Bankberaterin die 80-jährige Kundin mit »Hallo« zu begrüßen. Gehen Sie daher besser mit einer förmlichen Anrede ins Rennen, daraus wird ihn niemand einen Vorwurf machen. Entscheiden Sie sich im Zweifelsfall für »Guten Tag/Guten Abend« statt für ein legeres »Hallo«. Im Umgang mit den Kollegen ist die weniger förmlichere Grußformel natürlich völlig in Ordnung.

Links oder rechts? Was sich fast wie eine politische Gesinnung anhört, meint nur, dass es auch im Job eine Rolle spielt, wer rechts bzw. links aufgestellt ist. Das bedeutet:

- Als Mitarbeiter laufen Sie links neben Ihrem Chef bzw. als Chef rechts neben Ihrem Mitarbeiter.
- Wenn Sie auf zwei Personen treffen, deren Hierarchie Sie nicht kennen, so begrüßen Sie auch hier (von Ihnen ausgesehen) von links nach rechts. Denn so wenden Sie sich zuerst an die Person, die auf dem ranghöheren Platz steht.
- Bei Begrüßungen lassen Sie dem Chef, der rechts neben Ihnen stehen sollte, den Vortritt. Er darf als Erster auf die gegenüber-

stehenden Personen zugehen und ihr die Hand reichen.

Wenn Sie zum Beispiel zu einer Besprechung kommen und auf einen größeren Personenkreis treffen, so dürfen Sie selbstverständlich der Reihe nach begrüßen. Sie müssen also keine Rücksicht auf die Hierarchie nehmen, solange Sie am Anfang einmal gesagt haben: Ich darf Sie der Reihe nach begrüßen.«

- Der Hinzukommende grüßt die Anwesenden. Beginnen Sie hierbei mit der Person, die Ihnen am nächsten steht. Wenn Sie also beispielsweise gerade erst eintreten, so lassen Sie niemanden stehen, sondern wenden sich mit der Begrüßung direkt an die Person, die in Ihrer Nähe steht.
- Falls Ihnen die Begrüßung »der Reihe nach« Unbehagen verursacht, weil Sie zum Beispiel fünf Personen begegnen und Ihr Chef genau in der Mitte steht, ist folgende Variante denkbar: Begrüßen Sie zunächst Ihren Chef als ranghöchste Person und dann die anderen Personen der Reihe nach.

Knifflig wird es immer dann, wenn zum Namen ein akademischer Grad (zum Beispiel Doktorgrad) oder eine Amtsbezeichnung (zum Beispiel Professor) hinzukommt. Daher die korrekte Anrede und Anschrift im Überblick:

- »Herr Dr. Martin Müller« wird angesprochen als »Herr Dr. Müller«. In einem Brief oder einer E-Mail wird er angeschrieben mit »Sehr geehrter Herr Dr. Müller«. Im Adressfeld eines Briefs wird adressiert an »Herr Dr. Martin Müller«.
- »Frau Prof. Dr. Simone Seidel« wird angesprochen als »Frau Professor Seidel« oder als »Frau Professorin Seidel«. Wer möchte, darf auch nur sagen »Frau Professor« oder »Frau Professorin«. Sowohl die weibliche als auch die männliche Form der Amtsbezeichnung ist in diesem Zusammenhang korrekt. Wenn Sie an Frau Prof. Dr. Seidel einen Brief adressieren, so notieren Sie im Adressfeld »Frau Prof. Dr. Simone Seidel«, in der Anrede dagegen wird die Amtsbezeichnung ausgeschrieben (»Sehr geehrter Frau Professor/Professorin Seidel«).

Sich selbst vorstellen

Wer sich selbst vorstellt, kann zwischen »Guten Tag, darf ich mich vorstellen, mein Name ist ...« oder »Guten Tag, darf ich mich vorstellen, ich bin ...« wählen. Hierbei handelt es sich um ein sprachliches »Ausgangsmodell« – keinesfalls sollten Sie fünf Mal hintereinander exakt diesen Satz wiederholen. Vielmehr benötigen Sie Varianten, die sich aus diesem Ausgangsmodell zusammenstellen. So kann die Selbstvorstellung beispielsweise lauten:

- »Ich bin Klara Küster. Guten Tag.«
- »Klara Küster. Guten Tag«
- »Hallo, mein Name ist Küster.« Etc.

Die formvollendete Variante »Guten Tag, darf ich mich vorstellen, mein Name ist/ich bin ...« ist ratsam, wenn man sich einer sehr hochrangigen Person vorstellt, der man besonderen Respekt erweisen möchte.

Wie man andere einander vorstellt

Wenn Sie zwei Personen einander vorstellen möchten, ist das nicht gerade die einfachste Übung. Gern wird dabei vergessen, dass beide erfahren dürfen, mit wem Sie es zu tun haben. Daher verfügt ein Vorstellungsritual über eine Hin- und Rückrunde. Um das an einem Beispiel zu erklären, nehmen wir doch einfach einmal an, Sie wollten Ihrem Kunden einen neuen Mitarbeiter vorstellen. Korrekt formuliert könnte das folgendermaßen lauten:

- »Herr Kalk (Kunde), darf ich Ihnen Herrn Mittler (Mitarbeiter) vorstellen? Herr Mittler – Herr Kalk.«
- Oder auch kürzer formuliert: 1. (an den Kunden gewandt) »Darf ich Ihnen Herrn Mittler vorstellen?« 2. Dann (an den Mitarbeiter gewandt und mit der entsprechenden Gestik versehen) »Herr Kalk«.
- Bei der Vorstellung von mehreren Personen (zum Beispiel ein Mitarbeiter und zwei Kunden werden einander vorgestellt) hört sich das dann folgendermaßen an:

»Herr Kalk, Herr Kist (Kunden), darf ich Ihnen Herrn Mittler (Mitarbeiter) vorstellen? Herr Mittler – Herr Kalk und Herr Kist«.

- Gern können Sie weitere Informationen über die vorzustellenden Personen erzählen (»Herr Kalk und Herr Kist sind langjährige Kunden von uns …«). Ich rate Ihnen jedoch, das erst nach dem Vorstellungsritual zu tun. Das Ritual zieht sich sonst sehr in die Länge und die Erfahrung zeigt, dass man zum späteren Zeitpunkt sehr viel besser in einen Smalltalk überleiten kann.

Namen merken leichter gemacht

Ein Name an sich ist für uns ein abstrakter Begriff, der nur sehr schwer merkfähig ist. Sie gehören also noch lange nicht zu den Menschen mit schlechtem Namensgedächtnis, wenn Sie sich hiermit schwertun. Die beste Chance haben Sie, wenn Sie mit dem Namen ein Bild verknüpfen. Stellen Sie sich beispielsweise vor, dass »Herr

Jäger« mit einem Gewehr auf der Schulter durch den Wald spaziert und auf ein Wildtier anlegt. Oder dass Ihnen »Frau Fenske« durch ein offenes Fenster zuwinkt, wenn Sie auf das Gebäude zugehen – die Ableitung »Fenster« zu »Fenske« können wir ohne Weiteres leisten. Natürlich gibt es weitere Namen, die deutlich schwieriger sind und bei denen wir mit dieser Merktechnik an unsere Grenzen gelangen. Aber wäre es nicht schon ein deutlicher Fortschritt, wenn Sie sich in Zukunft bei acht Teilnehmern einer Besprechung immerhin fünf Namen merken könnten? Die Erfahrung lehrt, dass es ohne die entsprechende Merktechnik gerade mal ein bis zwei Namen sind.

Sollte Ihnen je ein Name entfallen sein, so fragen Sie erst als allerletzte Möglichkeit nach, wie der Name lautet. Zuvor versuchen Sie, Namensschilder zu entziffern oder auch Kollegen zu fragen. Wenn es gar nicht mehr anders geht, empfehle ich die Formulierung: »Ich weiß, wir haben uns schon einmal kennengelernt. War das nicht auf der Veranstaltung XY? Jetzt müssen Sie mir helfen, Ihren Namen habe ich gerade nicht mehr parat, bitte entschuldigen Sie …« Auf diese Art und Weise zeigen Sie wenigstens, dass Sie sich noch an die Person gut erinnern – auch wenn der Name im Dunkeln liegt.

Besonders peinlich könnte das Ganze werden, wenn Sie Personen einander vorstellen sollen, von denen Sie die Namen nicht mehr wissen. Dann empfehle ich Ihnen möglichst weit auszuholen, indem Sie beschreiben, woher man sich kennt, dass es Ihnen eine Freude ist, die beiden einander vorzustellen und wie schön, dass man sich hier trifft. Ich verspreche Ihnen: Die Vorstellenden bringen nicht so viel Geduld mit, dass sie sich Ihre Tiraden komplett anhören ohne sich einander vorzustellen. Spätestens beim dritten Satz reichen sich die beiden die Hände, übernehmen die Vorstellung in Eigenregie und entbinden Sie damit unbewusst der Peinlichkeit, Ihre Vergesslichkeit offenbaren zu müssen.

Tipp: Wenn ich jemandem begegne, von dem ich annehme, dass er sich nicht mehr an meinen Namen erinnert, fange ich das in meiner Begrüßung auf. Ich formuliere dann folgendermaßen: »Guten Abend Herr Schmidt, mein Name ist Carolin Lüdemann. Wir kennen uns bereits vom letztjährigen Sommerfest. Ich war damals die Moderatorin und Sie haben einen Vortrag gehalten ...« Durch die Formulierung »Ich bin« plus »wir kennen uns von ...« mache ich es der anderen Person leichter, mit mir ins Gespräch zu kommen.

Die beliebtesten Fettnäpfchen und wie man sie vermeidet

Kaum ein anderes Knigge-Thema birgt so viele Fallstricke wie das der Begrüßungsrituale. Anbei daher abschließend eine Übersicht der größten Begrüßungs-Fettnäpfchen und wie man diese umschifft.

- Eine ausgestreckte Hand nicht annehmen. Wenn Ihnen jemand die Begrüßung anbietet, müssen Sie diese annehmen – ganz unabhängig davon, ob der andere richtig agiert hat oder nicht.
- Jemand anderen bei Begrüßungen zu belehren. Die oberste Knigge-Regel lautet: Wenn jemand etwas falsch gemacht hat, binden wir es ihm nicht auf die Nase und zeigen stattdessen gute Miene zum bösen Spiel.
- Im geschäftlichen Umfeld auf »Ladys first« zu setzen. Hier entscheidet die Hierarchie darüber, auf wen man bei der Begrüßung zuerst zugeht. Zuerst wird stets auf den Ranghöchsten zugegangen.
- Bei Begrüßungen im größeren Kreis zu sagen: »Ich fang mal hier an.« Die richtige Formulierung lautet: »Ich darf Sie der Reihe nach begrüßen/mich der Reihe nach vorstellen.« Alles andere mutet unbeholfen an.
- Sich mit den Worten »Ich bin Frau/Herr Schmidt« vorzustellen. Die Formulierung »ich bin« macht es erforderlich, sich mit

dem Vor- und Zunamen vorzustellen (zum Beispiel »Ich bin Elke Schmidt«). Alles andere ist falsch.

- Einen überflüssigen Artikel zu formulieren. Stellen Sie sich vor als »ich bin Elke Schmidt« nicht als »ich bin die Elke Schmidt«. Gleiches gilt, wenn Sie andere einander vorstellen. Sagen Sie dann dementsprechend nicht »Darf ich Ihnen die Frau Möller vorstellen?«, sondern nur »Darf ich Ihnen Frau Möller vorstellen?«
- Andere einander mit dem Hinweis »Das ist …« vorzustellen. Hierbei handelt es sich um eine gegenständliche Formulierung, obwohl Sie doch Personen einander vorstellen. Daher verwenden Sie besser die Worte »Darf ich Ihnen Herrn Schilling vorstellen« und nicht »Das ist Herr Schilling«.
- Sich nicht allen Personen vorzustellen, wenn man der Reihe nach begrüßt. Oft wird angenommen, dass es ausreichend sei, gegenüber den ersten Personen den Eigennamen genannt zu haben und dass die anderen diesen somit auch schon längst gehört haben. Das ist so nicht rich-

tig: Wenn Sie jemanden neu kennenlernen, ist es immer erforderlich, sich dieser Person mit Namen vorzustellen. Tun Sie das nicht, entsteht der Eindruck, Sie würden einander bereits kennen und hielten deshalb die Vorstellung für entbehrlich. Manch einer interpretiert auch, dass das Gegenüber nicht wichtig genug sei. Und bei wiederum anderen bleibt sogar die entsprechende Gegenreaktion aus und sie stellen sich Ihnen dann im Gegenzug auch nicht vor.

- Den eigenen Namen zu wiederholen, obwohl man vorgestellt wurde. Wenn sich schon jemand die Mühe gemacht hat, zwei Personen einander vorzustellen, so muss man sich im Anschluss nicht selbst vorstellen. Das wäre doppelt gemoppelt und würde den Verdacht nahelegen, dass der Vorstellende nicht ganz richtig agiert hat und man jetzt nachbessern muss.
- Vorschnell die Hand ausstrecken, obwohl der Vorstellende noch spricht. Bringen Sie Geduld mit, wenn Sie vorgestellt werden. Erst darf der Vorstellende ausreden, danach

reichen sich die Vorgestellten die Hand und formulieren zum Beispiel »Freut mich«.

- Bei Vorstellungsrunden die Rückrunde vergessen. Werden zwei Personen einander vorgestellt, so dürfen beide Seiten erfahren, mit wem sie es zu tun haben. Somit muss also Herr Schmidt Frau Müller vorgestellt werden und Herr Schmidt wiederum darf erfahren, dass es sich bei seinem Gegenüber um Frau Müller handelt. Die Formulierung lautet also beispielsweise: »Frau Müller, darf ich Ihnen Herrn Schmidt vorstellen? Herr Schmidt – Frau Müller.« Dieser zweite Teil »Herr Schmidt – Frau Müller«, von mir auch »Rückrunde« genannt, wird leider allzu gern und allzu oft vergessen.

Die Auflösung des Wissenstests am Anfang des Kapitels lautet:

1. Wen begrüßen Sie im privaten Kontext zuerst – den 80-jährigen Mann oder die 20-jährige Frau?
   a) Alter vor Schönheit.
   b) **Ladies first.**
   c) Ich frage, wen ich zuerst begrüßen darf.
2. Sie treffen auf Ihren Chef und seine Sekretärin. Wem reichen Sie zuerst die Hand?
   a) Ladies first.
   b) Immer dem Chef.
   c) **Keinem von beiden.** (Denn der Ranghöchste, der Chef, reicht Ihnen zuerst die Hand.)
3. Sie begegnen einem Bekannten in Begleitung einer Dame. Wie agieren Sie bei der Begrüßung?
   a) Ladies first.

b) Ich begrüße meinen Bekannten und stelle mich dann der Dame vor.
c) **Ich begrüße meinen Bekannten.** (Dieser stellt Ihnen im Anschluss die Dame vor.)

4. Sie treffen auf Frau Prof. Dr. Schmidt. Wie sprechen Sie sie an?
   a) Frau Professor Dr. Schmidt.
   b) **Frau Professorin Schmidt.**
   c) **Frau Professor Schmidt.** (Beide Varianten sind möglich)

7
Smalltalk: Die Kunst des kleinen Gesprächs

> »Das ist die Kunst des Gesprächs; alles zu berühren und nichts zu vertiefen.«
>
> *Oscar Wilde (1854–1900), irischer Schriftsteller*

Falls Sie sich zu der Kategorie Mensch zählen, die sich mit dem Smalltalk eher schwertut, dann sind Sie in guter Gesellschaft. Erfahrungswerte zeigen, dass ca. 80 Prozent aller Menschen für sich in Anspruch nehmen, dass die Kunst des kleinen Gesprächs nicht ihre Lieblingsbeschäftigung ist. Aus meiner Sicht ist das absolut nachvollziehbar: Smalltalk ist schließlich dadurch gekennzeichnet, dass wir uns mit jemandem unterhalten, den wir entweder noch gar nicht oder zumindest nicht besonders gut kennen. Wie könnte es da leicht sein, das passende Thema zu finden und in ein Gespräch einzusteigen. Wer aus diesem Grund auf die Idee kommt, sich mit Tipps und Tricks fürs kleine Gespräch zu rüsten, dem wird nicht selten geraten, doch einfach über das Wetter, Kunst, Kultur und Tagesaktuelles zu plaudern. Der Rest soll sich dann angeblich fast wie von allein finden. Doch sind wir ehrlich, das Gespräch ergibt sich trotz dieser Empfehlung keineswegs so leicht, wie versprochen und erhofft. Das liegt auch daran, dass viele mit einer nicht geringen Wahrscheinlichkeit einen Gesprächspartner gefunden haben, der ja nun ebenfalls für sich in Anspruch nimmt, dass Smalltalk nicht zwingend seinen Begabungen entspricht und das macht die Sache erst recht nicht leichter. Darum nehmen Sie bitte als erste Faustformel mit, dass der Smalltalk keineswegs in hochtrabendes Gespräch werden soll – umso schwerer wäre es für das Gegenüber hier mitzuhalten. Legen Sie auf gar keinen Fall für Themen und Ausgestaltung eine hohe Messlatte an. Ich habe noch nie gehört, dass man sich darüber beschwert hätte, dass der Gesprächspartner über das Wetter oder die Anreise sprach. Sehr viel öfter höre ich dagegen die Fragestellung, ob es nicht ein wenig dünn sei, wenn man selbst über das Wetter oder die Anreise spricht. Als Fazit bleibt: Wenn es den Gesprächspartner nicht stört, sollte das auch bei Ihnen nicht der Fall sein.

Floskeln als Gesprächskiller

Gern und häufig agieren wir mit Floskeln. Ohne groß darüber nachzudenken (und oft auch, ohne groß daran interessiert zu sein), fragen wir nach dem Wohlbefinden (»Wie geht's?«), nach der Anreise oder ob der Gast den Weg ins Unternehmen gut gefunden hat. Zumeist machen wir die Erfahrung, dass auf diese Fragen nicht ausufernd geantwortet wird. Damit sei die weitverbreitete Annahme widerlegt, dass Fragen im Smalltalk die halbe Miete seien. Keineswegs trifft es zu, dass der Gesprächspartner zu einem Redeschwall ausholt, nur weil er etwas gefragt wurde. Warum nicht? Ganz einfach, er weiß zu diesem Zeitpunkt noch nicht, ob diese Fragen reine Höflichkeitsfragen sind oder ob wir wirklich interessiert sind. Daher hält sich der Antwortende zurück und spricht lediglich das Nötigste (»Danke, gut. Und Ihnen?«). Daran würde übrigens die

Unterscheidung zwischen geschlossenen und offenen Fragen nicht großartig etwas ändern.

Vor einiger Zeit weilte ich in München und hatte mir dort auch ein Hotelzimmer reserviert. Als ich an der Rezeption einchecken wollte, fragte mich die Mitarbeiterin, ob ich eine angenehme Anreise gehabt hätte. Da ich selbst keinen ausufernden Smalltalk halten wollte und ahnte, dass die Frage ihrerseits ohnehin eine reine Höflichkeitsfrage war, parierte ich meinerseits mit der Höflichkeitsantwort (»Alles bestens, danke.«), obwohl sie keineswegs den Tatsachen entsprach. Doch damit nicht genug: Kaum zwei Sekunden später fragte mich die zweite Kollegin an der Rezeption ein weiteres Mal, ob ich eine gute Anreise gehabt hätte. Wenn Sie nun glauben, dass Kollegin »Eins« registriert hätte, dass Kollegin »Zwei« die gleiche Frage gestellt hatte wie sie, eben nur wenige Augenblicke zuvor, so irren Sie. Das war nicht der Fall. Ganz offensichtlich hatten beide Rezeptionistinnen nur mit einem Ohr zugehört. Als ich dieses Beispiel einige Wochen später einem Hoteldirektor erzählte, wusste er von noch viel Schlimmerem zu berichten. Anscheinend laufen die Damen am Empfang sogar Gefahr, nicht zu bemerken, wenn der Gast auf die Frage nach der Anreise mit »Vielen Dank, ganze schrecklich« antwortet. Irritierend häufig werden auf diese Antwort Dinge wie »Das freut mich für Sie« gesagt. Ganz einfach deswegen, weil wir schon so sehr auf die Höflichkeitsantwort programmiert sind, dass wir nicht mehr wirklich zuhören. Für beide Seiten keine gute Voraussetzung, um in ein Gespräch zu starten.

Genau darin steckt auch unser klassisches Smalltalk-Problem. Immer dann, wenn sich jemand an floskelverdächtigen Äußerungen versucht, weiß das Gegenüber nicht, ob dahinter echtes Interesse steht und hält sich dementsprechend höflich kurz. Das muss jetzt jedoch nicht bedeuten, dass Sie nie wieder nach der Anreise oder dem Wohlbefinden fragen dürften. Vielmehr kommt es darauf an, diese Fragen so zu individualisieren, dass der andere dahinter wirkliches Interesse ahnt. Zum Beispiel:

- Statt »Wie geht es Ihnen?« fragen Sie: »Wie geht es Ihnen? Als wir uns das letzte Mal gesehen haben, waren sie kurz davor, in den Sommerurlaub zu starten. Haben Sie sich denn gut erholt?«
- Statt »Wie war die Anreise?« fragen Sie: »Wie war die Anreise? Woher kommen Sie denn genau – haben Sie es weit zu uns?« Oder: »Sie kommen aus Frankfurt, nicht wahr? Sind Sie auf der Autobahn gut durchgekommen?« Oder: »Ich habe heute Morgen schon an Sie gedacht, als ich im Radio von einem Stau auf der A81 gehört habe. Sind Sie trotzdem gut durchgekommen?«

Lieblingsthemen, die jedes Gespräch beflügeln

Sehr wahrscheinlich wird Ihnen beim Stichwort »Lieblingsthema« und »Smalltalk« das »Wetter« durch den Kopf schießen. Und Sie hätten damit gar nicht mal Unrecht. Denn tatsächlich ist das »Wetter« ein sehr beliebtes Gesprächsthema und das ist auch gut so. Wetter gibt es nunmehr immer, dazu kann jeder etwas sagen und es eignet sich prima als Einstieg in ein Gespräch. Darüber hinaus hat sich jedoch gezeigt, dass die Menschen am allerliebsten über alles sprechen, was mit ihnen selbst zu tun hat. Und so sprechen sie mit großer Freude und Vorliebe über sich selbst, aber auch über ihre Kinder und Haustiere. Das bedeutet für Sie, dass Sie Ihrem Gesprächspartner klar machen müssen, dass Sie sich tatsächlich für ihn und seine Erzählungen interessieren – er würde Ihnen nämlich liebend gerne von sich berichten. Wenn also der Gesprächspartner erklärt, dass er sich leider wenige Minuten verspätet hat, weil es heute Morgen ein bisschen länger gedauert hat, die Tochter im Kindergarten abzuliefern, so versäumen Sie etwas, wenn Sie nahtlos zu Anreise übergehen. Vielmehr liegt jetzt ein tolles Gesprächsthema auf dem Silbertablett vor Ihnen – verpassen Sie nicht Ihre Chance, sondern fragen Sie beispielsweise nach, wie alt das Kind ist. Hierbei ist jedoch auch Fingerspitzengefühl gefragt: Die Nachfrage nach dem Alter des Kindes ist unproblematisch. Würden Sie dagegen nachfragen, wie der Gesprächspartner Kind und Arbeit unter einen Hut bekommt, so wäre das eine sehr persönliche Rückfrage, die Ihnen in diesem Moment noch nicht zusteht.

Bringen Sie Gespräche ins Gleichgewicht

Vor ein paar Jahren unternahm ein Professor ein kleines Experiment. Er schickte Weihnachtspostkarten an völlig fremde Menschen. Obwohl er schon mit irgendwelchen Reaktionen gerechnet hatte, war das Ergebnis doch erstaunlich – er erhielt reihenweise Ansichtskarten von Leuten, die ihm nie zuvor begegnet waren. Der größte Teil der Leute, die ihm zurückgeschrieben hatten, wollten gar nicht wissen, wer er war; sie erhielten seine Karte und schickten ihm automatisch eine zurück. Zwar ist dies nur eine kleine Studie, in ihr zeigt sich jedoch die Wirkung eines der durchschlagenden Instrumente zur Beeinflussung anderer Menschen: Es ist das Prinzip der Reziprozität. Dieses Prinzip besagt, dass es uns unangenehm ist, uns jemandem verpflichtet zu fühlen. Wir sind also motiviert, etwas dagegen zu unternehmen. Anders gesagt: Wir haben tief in uns den Wunsch nach Gleichgewicht. Sollten wir nun von einer Person etwas bekommen, geraten wir in ein Ungleichgewicht. Um unseren Idealzustand (Gleichgewicht) wieder zu erreichen, geben wir der Person etwas zurück und unsere Welt ist wieder in Ordnung. Sind wir doch froh, dass ein solches Prinzip existiert – schließlich handelt es sich um eine gesunde und gerechte Verhaltensregel.

Das Beeindruckende an dem Prinzip der Reziprozität und dem mit ihm verbundenen Gefühl des Verpflichtetseins ist seine weite Verbreitung in der menschlichen Kultur. Eine ganze Reihe von Soziologen ist nach umfassenden Untersuchungen zu dem Schluss gekommen, dass es die Verpflichtung zu Gegenseitigkeit in allen menschlichen Gesellschaften gibt.

Das Prinzip der Reziprozität kann dabei auch ausgenutzt werden, wie folgender Versuch beschreibt: Eine Versuchsperson sollte zusammen mit einer anderen die Qualität einiger Bilder einschätzen. Die zweite Person – genannt Joe – war nur scheinbar ein Versuchsteilnehmer, in Wirklichkeit handelte es sich um einen Psychologen. In einigen Fällen tat Joe der echten Versuchsperson ungebeten einen kleinen Gefallen. In einer kurzen Pause ging er für einige Minuten aus dem Raum, kehrte mit zwei Flaschen Cola zurück, einer für die Versuchsperson und einer für sich und sagte: »Ich habe den Versuchsleiter gefragt, ob ich mir eine Cola holen kann, er hatte nichts dagegen, da habe ich dir auch eine mitgebracht.« In den anderen Fällen tat Joe der Versuchsperson keinen Gefallen und kehrte nach zwei Minuten mit leeren Händen zurück. Später bat Joe die Versuchsperson, etwas für ihn zu tun. Er gab an, dass er Lose verkaufe, mit denen man ein Auto gewinnen könnte, und dass ihm, wenn er mehr Lose als die anderen Verkäufer an den Mann brächte, eine Prämie in Höhe von 50 Dollar winken würde. Joe bat die Versuchsperson, ein paar Lose zum Preis von 0,25 Dollar das Stück zu kaufen und wies darauf hin, dass jedes Los eine Hilfe für ihn sei. Im Ergebnis kristallisierte sich heraus, dass Joe als Losverkäufer bei denjenigen Versuchspersonen, denen er zuvor einen Gefallen getan hatte, deutlich erfolgreicher war. Genau genommen kauften diese Versuchsperson ihm zwei Mal so viele Lose ab wie diejenigen, denen er keinen Gefallen getan hatte (vgl. Robert B. Cialdini, *Die Psychologie des Überzeugens*, 2002).

Fazit: In vielen Fällen bewirkt das Prinzip der Reziprozität, dass einem Wunsch stattgegeben wird, der, wenn kein Gefühl des Verpflichtetseins bestanden hätte, sogar abgeschlagen worden wäre.

Im Smalltalk bedeutet das für uns, dass auch hier ein Gefühl der Verpflichtung entsteht, sofern der eine Gesprächspartner in Vorleistung gegangen ist. Denn auch Gespräche befinden sich im Gleichgewicht. Man weiß, dass auf beiden Seiten der Gesprächspartner ein ähnlich langer (oder kurzer) Redebeitrag geleistet wird:

- Ein Beispiel im negativen Sinne würde lauten: »Wie geht es Dir?« – »Gut. Danke. Und Dir?« – »Auch gut. Danke.« Pause und Ratlosigkeit.
- Ein Beispiel im positiven Sinne spielt sich folgendermaßen ab: Wenn ich einen Bekannten in der Stadt treffen und dieser mich fragt, wie es mir geht, so antworte ich nie lediglich mit »Danke, gut. Und Dir?«, sondern hole etwas weiter aus. Zum Beispiel erzähle ich dann dass es gut geht, ich mich über das schöne Wetter freue, da wir am Abend noch Gäste erwarten und im Garten grillen möchten. Erst dann stelle ich die Rückfrage »Wie geht es Dir?« und wenn es sich anbietet, würze ich diese noch mit einer Individualisierung wie: »Ihr

seid doch umgezogen – hat alles gut geklappt?« Hand aufs Herz: Glauben Sie, dass mein Gegenüber es jetzt fertig bringt, mir lediglich mit einem knappen »Ja« zu antworten? Ich kann Ihnen aus meiner Erfahrung heraus berichten, dass das nie vorkommt. Warum nicht? Durch meinen ausführlichen Redebeitrag habe ich meinen Gesprächspartner ins Ungleichgewicht gedrängt. Er käme sich komisch vor, sich mit einem knappen »Ja« aus der Affäre zu ziehen. Ohne dass es ihm bewusst ist, habe ich ihn mit meiner Antwort in Zugzwang gebracht und kann nun damit rechnen, dass auch er seinerseits ein bisschen mehr aus dem Nähkästchen plaudert. In der Folge ergeben sich viel leichter Gespräche fernab von Floskeln, sondern sie sind bereichert durch ausführliche Erzählungen.

Der wichtigste Tipp im Smalltalk lautet daher: Springen Sie über Ihren Schatten, gehen Sie in Vorleistung und leisten Sie einen wirklichen Gesprächsbeitrag, sobald sich die Gelegenheit dazu ergibt. Denn der Smalltalk ist eine ausgesprochen gerechte Angelegenheit: Das, was sie hineingeben, bekommen sie auch wieder heraus. Und wenn Sie eben nur Kurzes und Knappes hinein geben, findet auch nur Gleiches den Weg zu Ihnen zurück.

Am leichtesten fällt das Gespräch, wenn man sich über Dinge unterhält, die offensichtlich sind. Bei Veranstaltungen zum Beispiel spricht man über den Vortrag, das leckere Buffet oder die Anzahl der Gäste. Vor Meetings redet man über die eigene Anreise oder darüber, welchen Bezug man zu der Stadt hat, in welcher das Treffen stattfindet. Begleitet man einen Gast durch das Unternehmen, erzählt man ihm, an welchen Abteilungen man gerade vorbeiläuft oder wie weit der Weg noch ist. Das alles, gespickt mit individualisierten Rückfragen (siehe oben), sollte ein Smalltalk-Gespräch machbar erscheinen lassen.

Smalltalk mit dem Chef

Manch einer hat große Angst vor dem Gespräch mit Vorgesetzten. Im Endergebnis führt das dann dazu, dass ein Mitarbeiter durchschnittlich weniger als zwei Stunden im Jahr freiwillig mit seinem Vorgesetzten plaudert. Das ist definitiv zu wenig – denn schließlich ist ihr Chef die Person, die über Ihr Fortkommen im Unternehmen entscheidet. Empfiehlt er Sie für einen höheren Posten, macht das Ihr Leben deutlich einfacher. In diesem Zusammenhang ist der Smalltalk nicht wegzudenken. Er gilt als Zeichen sozialer Kompetenz und ist Grundvoraussetzung für den Umgang mit Kunden und Mitarbeitern. Doch wenn Sie sich gegenüber dem Chef nie aus dem Schneckenhaus trauen und das Gespräch mit ihm nicht suchen, woher soll er dann wissen, dass Sie es sehr wohl beherrschen? Also geben Sie Ihre Befürchtungen auf und reden Sie, und zwar auch mit Ihrem Chef. Es ist nicht nur aus Karrieresicht ratsam, sondern schlicht und ergreifend auch eine Frage der Höflichkeit.

8
Der Gabeltest

»Für ein gutes Tischgespräch kommt es nicht so sehr darauf an, was sich auf dem Tisch, sondern was sich auf den Stühlen befindet.«

Walter Matthau (1920–2000), US-amerikanischer Filmschauspieler

Ob ein gemeinsames Essen erfolgreich verläuft, hängt in erster Linie mit den beteiligten Personen zusammen. Und diese werden nicht selten dabei auf die Probe gestellt. Dieses Kapitel trägt aus diesem Grund den Titel »Gabeltest«, da so die inoffizielle Bezeichnung lautet, wenn Mitarbeiter vor einer Beförderung zu einem guten Essen eingeladen werden und hierbei ihre Gewohnheiten bei Tisch studiert werden. Aus gutem Grund: Denn wer nicht nur mit Kollegen, sondern auch mit Kunden zum Geschäftsessen gehen soll, der muss über die gängigen Benimmregeln informiert sein. Ist er das nicht, so artet das gemeinsame Essen zu einer Belastungsprobe aus; der Mitarbeiter ist mehr schlecht als recht in der Lage, sich auf Gespräche zu konzentrieren, da seine ganze Aufmerksamkeit von dem komplizierten Gehabe bei Tisch gefangen genommen wird.

Testen Sie Ihr Wissen

1. Wo steht der Brotteller, der zu Ihrem Gedeck gehört?
   a) Links von Ihnen.
   b) Rechts von Ihnen.
2. Welches Glas darf man am Kelch halten?
   a) Rotweinglas.
   b) Sektflöte.
   c) Cognacschwenker.
3. Welche Bedeutung hat ein Espresso?
   a) Dass man in ca. 20 Minuten den Heimweg antreten sollte.
   b) Dass das Menü beendet ist.

4. Wo legen Sie die Serviette ab, wenn Sie den Tisch verlassen?
   a) Auf dem Stuhl.
   b) Links neben dem Teller.
   c) Rechts neben dem Teller.

Besteckssprache

Die korrekte Menüreihenfolge lautet: kalte Vorspeise – Suppe – Fisch – Fleisch – Dessert. Und genau in dieser Abfolge liegt auch das Besteck von außen nach innen neben dem Teller. Ganz außen finden sich somit Messer und Gabel für den Salat, rechts neben dem Teller findet sich der Löffel für die Suppe, dem folgt das Fischbesteck und schließlich ganz innen Messer und Gabel für das Fleisch. Über dem Teller liegen Löffel und Gabel für das Dessert. Wenn zwei Besteckteile gedeckt sind, sollten auch beide benutzt werden – es geht also nicht, den Salat nur mit der Gabel zu verspeisen. Während die Rechtshänder die Gabel in der linken Hand und das Messer in ihrer Rechten halten, ist es den Linkshänder erlaubt, das Besteck zu tauschen. Gleiches gilt, wenn Sie zwar eigentlich ein Rechtshänder sind, aber wie ein Linkshänder essen.

Haben Sie den Gang beendet, legen Sie das Besteck auf »20 nach 4« in den Teller hinein – hierbei wird der Teller wie eine Uhr betrachtet und die Besteckteile so hineingelegt, dass sie als Zeiger einer Uhr »20 nach 4« anzeigen würden. Vor noch gar nicht allzu langer Zeit lautete bei Günther Jauchs Fernsehsendung *Wer wird Millionär?* die Millionenfrage: »Welcher Berufsgruppe sagt die Bezeichnung ›20 nach 4‹ etwas?« Die richtige Antwort lautete »einem Kellner«, die der Kandidat auch folgerichtig beantworten konnte, da er nach eigenen Angaben zuvor zufällig ein Knigge-buch studiert hatte ...

Falls Sie während des Essens eine kurze Pause einlegen möchten, so legen Sie das Besteck in den Teller hinein, wobei das Messer auf »20 nach« und die Gabel auf »20 vor« liegen. Und nun noch zu einer Besonderheit für das Buffet: Verlassen Sie hier den Tisch zum erneuten Gang ans Buffet erst, wenn Ihr Teller vom Service abgeräumt wurde.

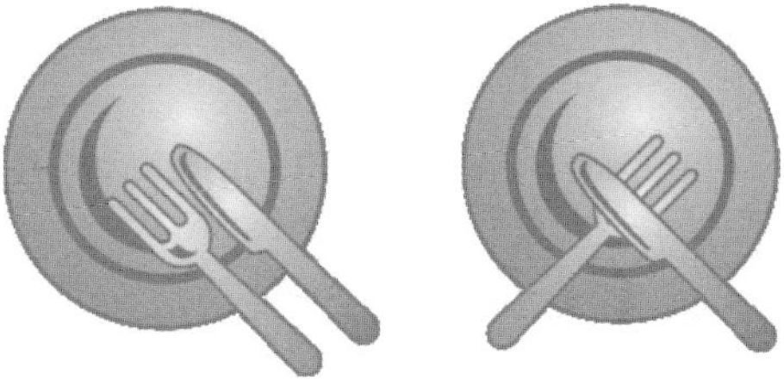

Gläser

Ihre Gläser stehen rechts oben. Das bauchigere Glas ist das Rotweinglas und befindet sich in einer vertikalen Linie mit dem Messer des Hauptgangs. Schräg rechts daneben steht das Weißweinglas und schließlich das Wasserglas.

Vorsicht, Fettnäpfchen! Sobald Stielgläser im Spiel sind, fasst man diese auch nur am Stiel an. Völlig unerheblich ist dabei, welcher Inhalt sich darin befindet. Sowohl Sekt, Weißwein als auch Rotwein werden temperiert serviert und Sie vermeiden, dass Sie den Wein erwärmen, wenn Sie das Glas nicht am Kelch anfassen. Darüber hinaus gilt diese Regel für weitere Stielgläser, so zum Beispiel das Wasserglas. Ausnahmen bestätigen die Regel: Cognacschwenker und Pilstulpen können aufgrund des kurzen Stiels nicht an diesem gehalten werden und dürfen bzw. müssen daher auch am Kelch angefasst werden.

Trinken Sie den ersten Schluck Wein oder Wasser erst dann, wenn der Gastgeber das auch tut. Meist wird er gemeinsam mit Ihnen das Weinglas erheben und Ihnen zuprosten (das Anstoßen der Gläser ist im geschäftlichen Kontext unüblich) – im Anschluss können Sie dann frei entscheiden, wann Sie einen Schluck trinken möchten und müssen hierbei selbstverständlich nicht jedes Mal auf Ihren Gastgeber warten. Das Zuprosten erfolgt jedoch nach einem aufwändigen Ritual: Der Gastgeber erhebt das Glas und prostet seinen Gästen zu, im Anschluss wird gemeinsam ein Schluck probiert und sich dann ein erneutes Mal zugeprostet, bevor das Glas wieder abgesetzt wird. Beim Zuprosten achten Sie darauf, zum Gastgeber und den anderen Gästen Blickkontakt zu suchen und diesen freundlich zuzunicken.

Wenn Sie sich entscheiden, keinen Alkohol zu trinken, steht Ihnen das selbstverständlich frei. Es bedarf dabei keinerlei Erklärung, warum Sie auf Hochprozentiges verzichten. Im Idealfall serviert Ihnen der Service Ihr alternatives Getränk ebenfalls in dem Glas (Stielglas), das die anderen Gäste nutzen. So können Sie dennoch mit den anderen anstoßen und sind nicht außen vor. Als alternative Getränke eignen sich übrigens lediglich Wasser oder Saftschorlen; zuckerhaltige Getränke wie beispielsweise Cola zeugen nicht von einem Feinschmecker, denn diese Getränke beeinflussen den Geschmack von Speisen negativ. Als Aperitif gehen Sekt, Martini, Sherry oder auch ein Pils durch. Das bedeutet dann jedoch auch, dass ein Bier keine Alternative zum Wein während des Essens darstellt, sondern wenn, dann vorab getrunken wird.

Serviette

Die Serviette wird spätestens mit dem Servieren des ersten Gangs auf den Schoß gelegt. Dabei faltet man sie einmal komplett zum Quadrat auf und lässt sie so lange auf diese Art liegen, bis man sich das erste Mal den Mund abtupfen möchte. Dann wird die Serviette hoch genommen, mit ihr der Mund abgetupft, um sie danach einmal gefaltet (zum Rechteck) mit der Öffnung zu sich selbst zurückzulegen. Im Endergebnis befinden sich dann die Spuren des Essens im Innenteil der Serviette und Sie kommen nicht mit Ihrer Kleidung in Berührung. Im Idealfall verlassen Sie selbst während eines mehrgängigen Menüs den Tisch nicht. Das hat folgenden Hintergrund: Während eines Essens kann man sich nur schwer unterhalten. Somit beschränkt sich die Unterhaltung auf die Momente zwischen diesen Gängen und ein interessantes Gespräch kommt nur zu Stande, wenn alle beisammen sitzen bleiben. Übrigens: Bei einem Essen vom Buffet gilt Ähnliches. Hier ist es zu bevorzugen, wenn der Gang ans Buffet gemeinsam angetreten wird, damit auch alle gemeinsam wieder zum Tisch zurückkehren und das Essen zusammen genießen können. Wenn es gar nicht anders geht und sie den Tisch kurzzeitig verlassen müssen, zum Beispiel um sich »die Hände zu waschen«, legen Sie die gefaltete Serviette links neben sich auf den Tisch. Hier kommt sie übrigens auch hin, wenn das Menü beendet ist. Das bedeutet dann ferner, dass eine Serviette niemals in den Teller hineingelegt wird – unabhängig davon, ob es sich um eine Papier- oder Stoffserviette handelt.

Als Gastgeber und Gast

Ist man privat eingeladen, bringt man den Gastgebern selbstverständlich ein kleines Präsent mit. Der Wert des Geschenks sollte in etwa dem entsprechen, was die Gastgeber für die Bewirtung Ihrer Gäste aufwenden. Auch sollte man in diesem Zusammenhang die Bedeutung eines Espressos nicht ignorieren: Denn dieser ist ein Signal zum Aufbruch und bedeutet streng genommen, dass man in den nachfolgenden 20 Minuten den Heimweg antreten sollte. Man muss jedoch auch zugeben, dass nicht jedem Gastgeber diese Bedeutung bewusst ist. Mit wem Sie es zu tun haben, wissen Sie spätestens dann, wenn Sie den nahenden Aufbruch andeuten – hier hat der Gastgeber dann immer noch die Möglichkeit, Sie zum weiteren Bleiben einzuladen, wenn er möchte. Nicht vergessen: Am Tag nach der Einladung meldet man sich kurz bei den Gastgebern und bedankt sich noch einmal für deren Einladung.

Bei Geschäftsessen sieht das natürlich anders aus. Diese finden zumeist in Restaurants statt und sehen eine genaue Rollenverteilung zwischen Gastgeber und Gast vor. So betritt der Gastgeber zuerst das Restaurant und signalisiert dadurch dem Kellner, dass er den Tisch reserviert hat und die Rolle des Gastgebers innehat. Bei Tisch bestellt der Gastgeber als Erster, um den Gästen damit eine Vorgabe zu machen, wie viele

Gänge er auswählt und in welcher Preiskategorie er sich bewegt. Es empfiehlt sich, bereits vor der Bestellung dem Gast gegenüber anzumoderieren, wie umfangreich das Geschäftsessen sein soll. Formulieren Sie als Gastgeber zum Beispiel: »Ich denke, ich werde mich für die Dorade entscheiden und nehme vorweg noch eine Suppe. Wie sieht es bei Ihnen aus? Kann ich Sie ebenfalls für eine Vorspeise begeistern?« Oder: » Dieses Restaurant ist berühmt für sein fantastisches Steak. Wenn Ihnen der Sinn nach Fleisch steht, kann ich Ihnen das nur wärmstens empfehlen. Das sollten Sie unbedingt probieren.«

Beim Bezahlen verlässt der Gastgeber den Tisch nicht, sofern er nur einen einzigen Gast hat. Wohl aber hat der Gast die Möglichkeit, sich kurz zu entschuldigen und die Waschräume aufzusuchen. Tut er das nicht, versucht der Gastgeber, beim Begleichen der Rechnung keine Summe zu nennen, legt eine EC- bzw. Kreditkarte und Trinkgeld in bar oder den insgesamt passenden Betrag in das Kuvert hinein. Werden mehrere Gäste eingeladen, so bezahlt der Gastgeber die Rechnung nicht bei Tisch, sondern außer Reichweite, zum Beispiel an der Bar.

- Der Brotteller links von Ihnen gehört übrigens zu Ihnen. Von dem kleinen Teller rechts neben Ihnen isst Ihr Nachbar. Wenn Sie Brot essen möchten, dann berücksichtigen Sie, dass dieses immer gebrochen werden sollte. Das bedeutet, dass Sie eine Scheibe Brot und den angebotenen Brotaufstrich (zum Beispiel Butter) auf Ihren Brotteller legen. Brechen Sie dann über dem Brotteller ein kleines Stückchen Brot ab, bestreichen Sie es mithilfe des Brotmessers mit der Butter und schieben Sie es dann mit der linken Hand in den Mund. Kurzum: Bestreichen Sie niemals die ganze Scheibe Brot mit Butter und beißen Sie auch nicht von dem Brot ab.
- Sollten Ihnen die Speisen auf Ihrem Teller nicht rundum zusagen, so steht es Ihnen frei, nur das zu essen, was Ihnen beliebt. Alles andere dürfen Sie auf dem Teller zurücklassen. Das gilt jedoch nicht, wenn Sie sich ihr Essen selbst vom Buffet genommen haben. Alles, was man sich selbst

»aufgeladen« hat, muss auch aufgegessen werden. Der Anstandsrest existiert heute somit nicht mehr.

- Gräten oder Olivenkerne führt man auf dem Weg auf den Teller zurück, wie sie den Weg in den Mund gefunden haben – meist läuft das auf die Gabel hinaus. Da es jedoch oft unelegant wirkt, eine kleine Gräte unauffällig auf eine Gabel zu bugsieren, dürfen Sie auch die linke Hand oder die Serviette zum Mund führen und die Gräte auf dem Teller bzw. in der Serviette entsorgen. Zwar mag das »Serviettenpäckchen« beim Service später für Überraschungen sorgen, im Zweifelsfall ist es aber besser, als die anderen Gäste bei Tisch mit einer akrobatischen Höchstleistung zu unterhalten.
- Häppchen, die beispielsweise beim Stehempfang gereicht werden, werden nur aus der linken Hand gegessen. Die rechte Hand ist die Begrüßungshand und bleibt frei von Essensspuren.
- Einfache Dekoration auf dem Teller darf mitgegessen werden. Hat sich die Küche

jedoch die Mühe gemacht, aus einem Radieschen einen Schwan zu schnitzen, würde es als frevelhaft gelten, diesen zu verspeisen.

- Geflügel darf nicht pauschal mit den Händen gegessen werden. Erst, wenn hierzu ein Zitronentuch und ein Schälchen mit Zitronenwasser zum Handreinigen im Anschluss gereicht wird, ist das ein eindeutiges Zeichen dafür, dass die Hände zum Einsatz kommen dürfen.
- Wenn der Kaffee im Anschluss an das Dessert serviert wird, ist das Menü beendet. Dann wird die Serviette auf die linke Seite gelegt und nun darf auch »offiziell« der Tisch verlassen werden. Sofern Sie die Toilette aufsuchen möchten und nach dem Weg fragen müssen, fragen Sie stets nur nach den Waschräumen oder danach, wo Sie sich die Hände waschen könnten. Gern können Sie den Tisch im Notfall ohne großartige Erklärungen und lediglich mit dem Hinweis »Bitte entschuldigen Sie mich einen Augenblick« verlassen.

Die Auflösung des Wissenstests am Anfang des Kapitels lautet:

1. Wo steht der Brotteller, der zu Ihrem Gedeck gehört?
   - a) **Links von Ihnen.**
   - b) Rechts von Ihnen.
2. Welches Glas darf man am Kelch halten?
   - a) Rotweinglas.
   - b) Sektflöte.
   - c) **Cognacschwenker.**
3. Welche Bedeutung hat ein Espresso?
   - a) **Dass man in ca. 20 Minuten den Heimweg antreten sollte.**
   - b) **Dass das Menü beendet ist.**
4. Wo legen Sie die Serviette ab, wenn Sie den Tisch verlassen?
   - a) Auf dem Stuhl.
   - b) **Links neben dem Teller.**
   - c) Rechts neben dem Teller.

9
Fettnäpfchen des Büroalltags

»Es gibt genug charakterfeste Männer, die eine Frau nicht sitzen lassen, vor allem in Bussen und Bahnen.«

Grethe Weiser (1903–1970), deutsche Filmschauspielerin

In diesem Kapitel sollen knifflige Fragestellungen des beruflichen Alltags abgebildet werden, denen wir Tag für Tag begegnen und die maßgeblich dazu beitragen, wie höflich, zuvorkommend und sympathisch wir von unserem Umfeld eingeschätzt werden. Sei es die Frage, wer wem die Tür aufhält, welche Umgangsformen für Blackberrys gelten, ob man noch »Gesundheit« sagt oder wer zuerst den Aufzug betreten darf.

Sich auf Augenhöhe begegnen

Beginnen wir in Anlehnung an das Zitat von Grethe Weiser mit der Fragestellung, ob man bei Begrüßungen aufstehen muss. In der Tat gilt es heute als höflich, bei Begrüßungen nicht mehr sitzen zu bleiben oder das Aufstehen nur anzudeuten – vielmehr erhebt man sich ganz unabhängig davon, wer auf einen zukommt oder wer gerade sitzt. Das gilt für Männer und Frauen im privaten und beruflichen Kontext gleichermaßen.

›Gesundheit‹ oder wem man ein langes Leben wünscht

Die ursprüngliche Variante des Gesundheitwünschens stammt aus einer Zeit, als es noch die Pest gab. Musste damals jemand niesen, so wünschte das Gegenüber »Gesundheit« – er meinte damit jedoch nicht den Niesenden, sondern vielmehr sich selbst, in der Hoffnung, sich nicht anzustecken. Man glaubte damals noch daran, auf diese Art und Weise die bösen Geister einer Krankheit von sich fernhalten zu können. Im Umkehrschluss bedeutet das heute, dass derjenige, der niest, ein leises »Entschuldigung« murmelt und sein Gegenüber den ganzen Vorgang geflissentlich ignoriert. Als weitere Erklärung für dieses Vorgehen sei angemerkt, dass man heute sehr wohl weiß, dass ein Niesen keine appetitliche Angelegenheit ist und man als Niesender somit durchaus einen Grund hat, sich zu entschuldigen. Da spielt es keine Rolle, dass man nicht mit Absicht geprustet hat. Schließlich treten Sie jemandem auch nicht mit Absicht auf den Fuß – und entschuldigen sich dennoch dafür, wenn es vorgekommen ist.

Tipp: Wenn Sie selbst niesen müssen, entschuldigen Sie sich im Anschluss. Muss Ihr Gegenüber niesen, hören Sie einfach genau hin. Können Sie von ihm keine Entschuldigung vernehmen, so rate ich Ihnen, entgegen der eigentlichen Regel »Gesundheit« zu wünschen. Denn ganz offensichtlich kennt die Person die aktuellen Knigge-Regeln nicht so gut wie Sie, und wir wollen ja nicht, dass Ihr Wissen (und Schweigen) Sie beim anderen zu Unrecht in ein schlechtes Licht rückt.

Duzen oder Siezen

Im privaten Umfeld bietet der Ältere dem Jüngeren das »Du« an. Im beruflichen Kontext trägt der Ranghöhere an den Rangniederen das Angebot zum Duzen heran – so zum Beispiel der Kunde an den Dienstleister oder der Chef an den Mitarbeiter. Das muss eindeutig formuliert worden sein, nach dem Motto: »Ich bin der Maximilian. Es würde mich freuen, wenn wir uns duzen.« Ein einseitiges Duzen ohne entsprechend ausformuliertes Angebot, ist noch keine Einladung zum gegenseitigen Duzen. Wer ein »Du« ablehnen möchte, darf das tun. Er sollte nur genau überlegen, wie er das formulieren möchte. Zum Beispiel gegenüber dem Kunden: »Vielen Dank für das Angebot, ich freue mich sehr darüber und würde es gerne annehmen. Leider jedoch legt man bei uns im Unternehmen sehr großen Wert auf die förmliche Anrede und so käme es nicht so gut an, wenn ich Sie duzen würde. So gern ich Ihr Angebot auch annehmen würde, es geht leider nicht. Das tut mir wirklich leid und ich hoffe, dass Sie hierfür Verständnis haben.« Übrigens gilt: Einmal per Du, immer per

Du. Des Weiteren gilt eine Besonderheit für Betriebsfeiern: Wurde einem bei solch einem Anlass ein »Du« angeboten, so gilt dieses nur dann dauerhaft, wenn der andere es am nächsten Arbeitstag verwendet. Kehrt dieser jedoch kommentarlos zum »Sie« zurück, hat sich die Sache mit dem Duzen erledigt – oder zumindest bis zur nächsten Betriebsfeier aufgeschoben.

Tür aufhalten

Im beruflichen Kontext hält der Mitarbeiter dem Chef die Tür auf. Handelt es sich um eine Mitarbeiterin, die dem Chef die Tür aufhalten soll, erfahren wir eine Kollision mit den privaten Regeln. Denn hier hält der Mann der Frau die Tür auf. Zwar ändert das nichts daran, dass es korrekt wäre, wenn die Mitarbeiterin ihrer Führungskraft die Tür aufhält; diese Kollision führt aber dazu, dass viele männliche Führungskräfte die Umsetzung dieser Regel nicht über sich bringen und daher Wert darauf legen, dass sie als Mann ihrer Mitarbeiterin die Tür aufhalten. Natürlich dürfen sie das dann auch!

Gute Fahrt im Aufzug

Beim Betreten des Aufzugs darf der Ranghöhere diesen zuerst betreten. Beim Aussteigen macht derjenige den Anfang, der dichter an der Tür steht. Beim Betreten eines Aufzugs gilt es als höflich, die Mitfahrenden zu grüßen. Gleiches gilt dann beim Verlassen von ebendiesem – hier wäre ein freundliches »Auf Wiedersehen« eine schöne Geste.

Der letzte Keks bleibt liegen

Werden in Besprechungen Kekse, Brezeln oder Ähnliches gereicht, so bleibt das letzte Häppchen immer liegen. Denn sonst würde es so aussehen, als hätte es nicht für alle gereicht. Sind Sie der Initiator der Besprechung, sollten Sie Nachschub ordern, sobald nur noch zwei Appetithäppchen übrig sind.

Im Dienstwagen unterwegs

Ich weiß aus meinem Kundenkreis von Unternehmen, die ihre Mitarbeiter darum bitten, mit

Firmenfahrzeugen keinen Kavaliersstart hinzulegen, das Radio nicht über die Maßen aufzudrehen und den Wagen rücksichtsvoll durch den Verkehr zu lenken. Denn jedes Fehlverhalten im Straßenverkehr fällt auch außerhalb der Firma auf diese zurück. Natürlich sollte es darüber hinaus eine Selbstverständlichkeit sein, seinen Wagen sauber und ordentlich zu halten. Denn wenn Sie mit einer kleinen Dreckschleuder vorfahren, liegt der Verdacht nahe, dass Sie auch bei Ihrer Arbeit nicht sehr auf Ordnung bedacht sind.

Wenn Sie Mitfahrer mitnehmen, so ist Ihr Platz natürlich hinter dem Steuer, den ranghöchsten Beifahrer platzieren Sie auf dem Beifahrersitz, den nachfolgenden Mitreisenden auf der Rückbank hinter dem Beifahrersitz und die dritte Person hinter dem Fahrersitz.

Im Taxi sieht das Ganze ein bisschen anders aus: Hier ist der beste Platz derjenige hinter dem Beifahrersitz, der zweitbeste der hinter dem Fahrersitz und der drittbeste neben dem Fahrer. Hier spielen Distanzzonen eine ganz entscheidende Rolle: Wir mögen es für gewöhnlich nicht so gerne mit jemand Fremden auf engem Raum zusammen zu sein und so versucht man mit diesem

Vorgehen so lange wie möglich die größtmögliche Distanz zum Fahrer zu erhalten.

Umgang mit dem BlackBerry

Natürlich ist es verständlich, wenn Sie mit Ihrem BlackBerry immer und überall erreichbar sein möchten. Grundsätzlich ist das ein ehrenwertes Ansinnen, das nur leider von Ihrem Gegenüber oft völlig anders interpretiert wird. So reagiert dieser ausgesprochen empfindlich, wenn Sie ihm Ihr BlackBerry vorziehen und während eines Gesprächs auf die Tasten hauen oder ein Telefongespräch annehmen. Denn derjenige, der zuerst da war, hat stets Vorrang und das ist immer der Gesprächspartner, der leibhaftig vor ihnen steht. Während des Beisammenseins können Sie nur dann Gespräche annehmen, wenn Sie zuvor angekündigt haben, dass Sie einen dringenden Anruf erwarten. Wenn dieser dann eintrifft, ist es legitim, das Gegenüber zu unterbrechen, das Gespräch anzunehmen und nach Klärung der Angelegenheit so schnell wie möglich zum Wartenden zurückzukehren. Haben Sie jedoch einen solch dringlichen Anruf nicht anmoderiert, steht es Ihnen auch nicht zu, ein solches Gespräch anzunehmen. Etwas Ähnliches gilt in Besprechungen: Es ist ein absolutes Tabu und eine grobe Unhöflichkeit, Mobiltelefone auf Besprechungstischen zu platzieren und sich mit diesen zu beschäftigen, während einer vorne steht und seine Worte an Sie richtet. Auch sollten Sie vorsichtig damit sein, in welchem Umfeld Sie welche Informationen preisgeben. Ich wundere mich immer wieder, wenn Geschäftsleute in Flugzeugen und Flughafenbussen Gespräche führen, die eindeutige Hinweise auf handelnde Personen und Unternehmen geben. Sobald Sie in der Öffentlichkeit telefonieren, weisen Sie Ihren Gesprächspartner am anderen Ende der Leitung darauf hin, dass Sie in aller Öffentlichkeit telefonieren. Vermeiden Sie es im Anschluss, ihn mit Namen anzusprechen, über andere Leute namentlich zu reden oder Formulierungen zu verwenden, die irgendwelche Rückschlüsse auf Unternehmen und Projekt zulassen würden.

Warum Stehen richtiger als Sitzen ist

Wenn Sie zu einer Besprechung eingeladen werden, setzen Sie sich erst, wenn alle Anwesenden eingetroffen sind. Begrüßungen finden stets auf Augenhöhe statt und so müssen Sie sich nicht ständig von ihrem Platz erheben, wenn ein weiterer Besprechungsteilnehmer eintrifft. Werden Sie beispielsweise zu einem Termin ins Büro Ihres Vorgesetzten eingeladen und aufgefordert, sich zu setzen, so bleiben Sie auch hier so lange stehen, bis sich der Vorgesetzte seinerseits niederlässt. Als Fazit gilt: Man setzt sich gemeinsam.

Pünktlichkeit ist eine Höflichkeit auch ohne Könige

Ein bekanntes Sprichwort sagt, dass Pünktlichkeit die Höflichkeit der Könige sei. Sie sollte jedoch auch Ihre Tugend sein. Wenn eine Besprechung zum Beispiel auf 14 Uhr angesetzt ist, sollten Sie spätestens fünf Minuten vor 14 Uhr im Besprechungsraum erscheinen. Denn nun gilt es, erst einmal alle Anwesenden zu begrüßen, sich einen Platz zu suchen und seine Unterlagen auszupacken, damit pünktlich um 14 Uhr die Besprechung beginnen kann. Wer erst um 14 Uhr erscheint, ist zu spät, obwohl er auf den ersten Blick pünktlich erscheint. Selbstverständlich empfiehlt es sich ganz und gar nicht, später als die ranghöchste Person im Raum zu erscheinen. Wer nach seinem Chef auf der Matte steht, lässt diesen auf sich warten und setzt damit ein deutliches Zeichen fehlenden Respekts.

Karten zum Fest

Geschäftliche Weihnachtsgrüße sollten stets bis zum 15. Dezember auf den Weg gebracht worden sein. Nur so bleibt dem Gegenüber noch Raum zur Reaktion vor dem Fest. Ganz und gar ungut ist die Idee, eine vorgedruckte Karte lediglich zu unterschreiben und auf eine persönliche Anrede zu verzichten. Dann weiß auch der letzte Ahnungslose, dass Sie die Karten wahllos unterschrieben und ebenso wahllos in irgendeinen Umschlag gesteckt haben. Es ist zwingend erforderlich, eine persönliche Anrede zu ergänzen und noch besser, wenn Ihnen zusätzlich ein paar schöne persönliche Zeilen einfallen. Noch stilvoller wird der Weihnachtsgruß, wenn Sie den Umschlag, in dem ebendieser steckt, nicht durch die Frankiermaschine jagen, sondern mit einer schönen Briefmarke bekleben.

Auf der Firmenveranstaltung

Lassen Sie es sich dort als Mitarbeiter besser nicht zu gut gehen. Das gilt für Getränke und das Essen gleichermaßen. Handelt es sich um eine Veranstaltung für Kunden, dürfen diese zuerst das Buffet erkunden, bevor Sie sich auf den Weg machen. Zurückhaltung gilt nicht beim Wasser, aber umso mehr beim Wein: Wer sich an mehreren Gläsern labt und den Alkohol nicht verträgt, macht ohnehin einen schlechten Eindruck. Das gilt jedoch auch für denjenigen, der selbst das vierte Glas noch wegsteckt, als sei nichts gewesen – das macht eben auch verdächtig.

Unangenehmes zur Sprache bringen

Was, wenn die Kollegin gerne so knappe Kleidung trägt, das Sie regelmäßig Körperteile bestaunen können, die Sie gar nicht so genau sehen wollten? Was, wenn der Kollege in den Sommermonaten verschwitzt anmutet und leider auch ebenso riecht? Hier müssen Sie nicht gute Miene zum bösen Spiel machen. Selbstverständlich steht es Ihnen zu, Themen zur Sprache zur bringen, die Sie in Ihrem persönlichen Wohlbefinden beeinträchtigen. Die Empfehlung lautet:

- Sprechen Sie stets unter vier Augen mit der betreffenden Person.
- Sagen Sie nicht, dass »die Sache« auch schon anderen aufgefallen ist.
- Reden Sie erst über allgemeine Themen in einer entspannten Umgebung, zum Beispiel beim Mittagessen.
- Sagen Sie, was Ihnen konkret aufgefallen ist. Zum Beispiel: »Hör mal, ganz kurz, mir ist aufgefallen, dass dein Oberteil ziemlich weit hochrutscht, wenn Du dich setzt.«

- Sagen Sie etwas, das den anderen »in Schutz« nimmt, wie »Wahrscheinlich ist Dir das nicht aufgefallen, bei uns ist man ja immer so ‚in action'« oder »mir ist das auch schon passiert; diese Hüfthosen sind in diesem Zusammenhang ja nicht gerade die beste Erfindung«.
- Richten Sie in einem weiteren Schritt Ihren Appell an die Kollegin, indem Sie zum Beispiel sagen: »Ich sage Dir das nur, damit Du beim Kundentermin darauf achten kannst.« Ich rate Ihnen, hier keine Allgemeinforderungen aufzustellen. Natürlich wäre es schön, wenn das Shirt der Kollegin nie zu weit hoch rutschen würde. Sie sollten ihr jedoch helfen, das Gesicht zu wahren und das geht am besten, indem Sie sich hier erst einmal auf den Kundenkontakt beschränken – der Rest wird sich von allein ergeben.
- Sprechen Sie im Anschluss über etwas ganz anderes, um wieder eine normale Gesprächsatmosphäre herzustellen.

10
Schlusswort

Während eines wichtigen Golfturniers lag der Golfprofi Gary Player mit seinem Ball in einem Bunker. Die Situation erforderte einen besonderen Schlag. Und so ging Gary Player den Schlag einige Male gedanklich durch und fokussierte all seine Aufmerksamkeit auf den Ball. Als er zum Schlag ansetzte, flog der Ball in einer Sandwolke in Richtung Himmel, verweilte für einen Moment im Stillstand, fiel herunter, schlug zwei Mal auf und blieb schließlich einen halben Meter vor der Fahne liegen. Als er nach dem Schlag über das Grün lief, rief ein Zuschauer: »Hey Gary, was für ein Glücksschlag!« Gary Player hielt inne und drehte sich zu dem Mann um: »Vermutlich haben Sie Recht«, sagte er. »Aber wissen Sie, es ist eine witzige Sache. Je mehr ich trainiere, desto besser werde ich und je besser ich werde, umso mehr Glück habe ich.«

Ähnlich ist es auch bei dem Thema, um das sich dieses Buch dreht. Ich behaupte nicht, dass es leicht ist, seine Gewohnheiten auf die Probe zu stellen. Im Gegenteil: Es erfordert nicht wenig Disziplin, Mut und vor allem viel Übung. Und doch weiß ich, dass es am Ende genau diese Kleinigkeiten sein werden, die weiter oben auf der Karriereleiter, da wo die Luft dünn wird, den Unterschied ausmachen. Es wäre mir eine Freude, Ihnen mit diesem Buch geholfen zu haben, sich optimal in Szene zu setzen und noch mehr würde es mich freuen, wenn Sie die Hinweise aus diesem Buch nicht nur bei Bedarf zücken, um bei anderen gut anzukommen, sondern diese zu Ihrer Grundhaltung werden lassen. Ich wünsche Ihnen gutes Gelingen, viel Erfolg, und in Anlehnung an Gary Player, auch die wohlverdiente Portion Glück, die dazu gehört.

Ihre
Carolin Lüdemann

11
Über die Autorin

Carolin Lüdemann ist Juristin, ausgebildeter Business-Coach, Mitglied des Deutschen Knigge-Rats und mehrfache Buchautorin. Sie unterstützt Menschen und Organisationen dabei, souverän aufzutreten, sich optimal zu präsentieren und zu positionieren. An ihren Vorträgen und Seminaren nehmen Topmanager sowie High Potentials aus Industrie, Beratung und Verbänden teil. Seit mehreren Jahren ist sie als TV-Expertin im Einsatz und begeistert mit ihren Tipps rund um Beruf und Karriere. Der TV-Sender Sat.1 bezeichnet sie als »eine der gefragtesten Karriereberaterinnen Deutschlands«.

www.carolin-luedemann.de

Literatur

Cialdini, Robert B.: *Die Psychologie des Überzeugens*, Hans Huber, 2002

Gladwell, Malcolm: *Was der Hund sah*, Campus, 2010

Lüdemann, Carolin: *Little Black Book Knigge: Von letzten Keksen, zu vielen Gabeln und der Schlacht am Buffet*, Wiley, 2011